QARAN *iyo* QABIIL

LABA AAN IS QABAN

RASHIID SHEEKH CABDILLAAHI
"GADHWEYNE"

2018

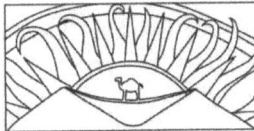

PONTE INVISIBILE
REDSEA-ONLINE.COM

REDSEA-ONLINE.COM Cultural Foundation
Fidiyaha Aqoonta iyo Ereyga Dhigan – Xarunta dhexe
Daarta Oriental Hotel - Hargeysa, Somaliland
Telephone: 00 252 2 525109
email: bookshop@redsea-online.com

Published by
Ponte Invisibile (redsea-online), 2018, Hargeysa
I

Inquiries to the editor
Via Pietro Giordani 4, 56123 Pisa, Italy
www.ponteinvisibile.com
email: editor@redsea-online.com | editor@ponteinvisibile.com

ISBN 88-88934-64-2
EAN 9788888934648

PRINTED AND BOUND IN SOMALILAND.

Hargeysa Cultural Centre Library (HCCL) Classification:
S-HM 5265 R3301 2018
HCCL Record: Series *Curisyo* No. 11
*Rashiid Sheekh Cabdillaahi / Qaran iyo Qabiil Laba Aan Is Qaban / 181 pp
/ cm. 14x21 / 2018*

Tusmo

4

Hibayn

"Hoosba hadal leh" baa la yidhi. Cabdillaahi Suldaan (Timacadde), ayaa, Alle ha u naxariisto ee yidhi: "Dugsi ma leh qabyaaladi wax ay dumiso mooyaane". Cali Sugulle Duncarbeed, ayaa, asaguna, Alle ha u naxariistee, yidhi: "Dab iyo dhagax kala dhowraay. Lays kuma dhuftee kala dhowraay!" Murti-hadalka iyo dhambaalka qoraalkan labadaa maansoyahan baa, hortii, soo ururiyey. Midkoodna maanta ifka ma joogo, innaga ma se maqna, inta aynu xusuusta murtidooda hayno. Xusuusta ruuxdooda ayaan buuggan u hibaynayaa. Alle gurigooda Aakhiro Jannada Naciima ha ka dhigo.

Rashiid

6

Hordhac

Cabdiraxmaan Ibnu Khaldoon, fikiraagii iyo caalimkii bulsheed ee carbeed (732-808 hij oo ku beegan 1332-1406 miil.), ayaa yidhi:-

"Dhab ahaan, dalalka leh qabaa'ilka tolliimoda (casabiyada) tirada badan, aad ayay u adag tahay in dawladnimo ku xoogaysataa; wax kasta oo lagu hammiyo ama lagu fikiro ba, waxaa difaacaya hiilo tolliimo (casabiyad); waxaana badanaya fallaago dawladda ku kacda, xataa haddii dawladdu tahay mid ku fadhida hiilo tolliimo adag. Waxaa sidaas wacay, intii isku tol ah (casabiyadi isku xidho) waxa ay isu arkayaan xoog is ah oo aan lagu soo dhiirran karin.

(Cabdiraxmaan Ibn Khaldoon, Muqaddamatu Ibn Khaldoo, Sharikatu Abnaai' Shariif Ala'nsaariyi lildabaacati wa alnashri wa-altowsiic, 2013, p. 153)

Ku dhawaad toddoba qarni baa laga joogaa, markii Ibnu Khaldoon hadalkaas qoray. Waxaana maanta hadalkaasu duurxul i nagu tusayaa xaaladda filqanka siyaasadda qabyaaladeed ee carrada Soomaalida hadda ka jirta. Marka la eego wacaalaha ka dhashay isbeddellada dhaqaaale, bulsheed iyo dhaqan ee dhulka Soomaalida, tan iyo bilowgii qarnigii labaatanaad, ku soo biiray, laguna daro waayaha adduunka debeddda ku xidhiidhinaya ee aan sina looga fakan karin, maamul dawlad casri ahi waa lagama-maarmaan iyo lamahuraan. Goob kasta oo dhulka Soomaalidu degto ka mid ahna dareen iyo ogaalba waa loo leeyahay baahida dawladeed. Qabaa'il iyo reero kala abtirsanaya oo koox waliba goonideed isu tollaysanayso oo ay kelideed is tirsanayso, xooggeeda oo keli ahina u muuqdo, way adag tahay in suldad u dhex ah oo awood lehi ka soo dhex baxdo. Maanta ayuu itixaanku Soomaali dul saaran yahay; wayna muuqtaa natiijadeedu.

Sannadkii 1960-kii, ayay Ingiriis iyo Talyaani ka kaceen dhulkii Soomaalida ee ay xilli qarni ku dhow xukumayeen. Hay'adahii maamulka dawldeed ee ay ayagu abuureen ayay ku wareejiyeen hoggaamiyeyaasha xisbiyadii dalka laga alkumay aftannadii qarnigii labaatanaad. Hay'adahaasi waxa ay ku dhismeen oo ku hawlgaleen go'aanka iyo hoggaaminta dawladaha shisheeye; Soomaaliduna waxa ay ahaayeen *raciyad* la xukumo.

Dawladaha Ingiriis iyo Talyaani waxa ay dalka kaga ga tageen maamul madani ah oo habaysan, ciidan amni iyo difaac tababaran oo joogtaysan, sharci ama qaanuun iyo hab garsoor casri ah. Waxaa nidaamkaasi ahaa dhaxalka ugu muhiimsan ee dawladaha gumeysiga shisheeye laga reebay. Intii dawladahaasi dalka joogeen, habkaasi waxa uu ahaa awood dadka u dhex ah oo ku hawlgasha sharci loo siman yahay. Waxa uu ahaa awood gacan shisheeye ku jirta, dalka iyo dadkiisana waa la haystay; sidaas darteed, marka wejigaas laga eego, gumeysi buu ahaa; hase ahaatee dhibtiisa iyo dheeftiisaba waa loo sinnaa.

Ka dib madaxbannaanidii, midnimadiii iyo qarannimadii Soomaaliyeed, dawladdii iyo awoodaheedii ma gelin gacan Soomaaliyeed ee waxaa mayalkeedii qabtay kuwo kala abtirsanaya oo hiilo qabaa'il u hoggaansan. Lahaanshihii ummadnimana waa uu lumay. Ma aha qabaa'ilka dhammidood ee waxaa ku sii gooni noqday kuwo isirkooda hore ka yimid xooladhaqatada reerguuraaga ah. Ceeyoonba dawladii waxa ay ku dhacday loollanka kooxaha ku kala abtirsanaya dhaqanka beelahaas reerguuraaga ah. Waxaa ka dhashay musuq iyo sharcidarro heer walba u degay.

Qiiradii Soomaalinnimo ee lagu galay halgankii gobonnimada ayaa waqti dhowba hoos u rooray oo wacyigii dhaadashada qabiil baa kor u soo kacay. Doorashadii 1969-kii, waxa ay soo debed-bixisay xaalad qalalaase siyaasadeed oo qarannimada halis gelinaysa. Waxa ayna taasi ka muuqatay xisbiyo-xilliyeed tirada ka badan oo runtii magaca mooyiye, si kasta oo kaleba ah jilibbada qabiilooyinka kala wada abtirsiga ah ee jagooyinka barlamaanka ku hardamaya.

Waxaa jiray bulsho madani ah oo ka jirtay magaalooyinka ay ka mid yihiin Muqdisho, Marka Baraawe iyo ilaa xad Hargeysa. Doorashoonyinkii tan ka horreeyey kooxaha bulshadani waxa ay ku guulaysatay in ay doorato xubno ka tirsan xisbigii la odhan jiray SDU *(Somali Democratic Union)*. Shakhsiyadaha bulshadani soo dooratay waxaa ka mid ahaa Cumar Cabdiraxmaan (Cumar Dheere) oo 1964-kii laga doortay Hargeysa, Cabdilcasiis Nuur Xirsi oo laga doortay Muqdisho iyo Xaaji Maxamed Xuseen oo laga doortay Marka. Saddexduba waxa ay baarlamaka ka soo galayeen meelo aanay taageero qabiil ku lahayn. Doorashadan u dambaysay se qabyaaladdii ayaa ka guulaysatay bulshadii madaniga ahayd ee koraysay. Heer walba way u daadegtay oo eexdeedii iyo musuqeedii baa ku fiday oo wax aan la qarsanayn noqotay.

Dad badan oo waagaas joogay waxa ay xusaan welwel ka hayay aayaha dalku waxa uu noqon doono, haddii sidan lagu gaadho doorasho dambe oo tan oo kale ah. Waa ta keentay in si weyn loogu riyaaqo oo loo taageero afgembigii, 21-kii Oktoobar 1969-kii uu hoggaaminayay Maxamed Siyaad Barre. Siyaad Barre laabkaca taageerada dadweyne waxa uu ku waraabiyey halhaysyo qiirokicin ah oo ay ka mid ahaayeen hawl iyo hantiwadaag, horumar, iskaa-waxuqabso iyo dhaqdhaqaaqyo masraxeed ahaa ololayaal nadaafadeed iyo qabyaalad la yidhi waa la aasayaa iwm. Runtii se marka horeba, waxa uu ahaa kelitalis awood siyaasadeed, mid garsoor iyo bulsheedba gacanta kelidii ku ururiyey oo xarrimay xorriyaddii hadalka iyo dhaqdhaqaaqii siyaadadeed iyo bulsheed dhammaanteed. Xadhigga iyo maxkamadaynta siyaasiga ah ayaa waqti dhowba xad-dhaaf noqday. Waxaa raacay dadka oo uu abtirsiinta qabiilooyinka ku soo kala dhaweeyo. Awooddii dawaladda ayuu u rogay hub qabiilooyin gaar u leeyihiin oo qabiilooyin kale ku liddi ah. Suuraddii qaranka iyo gobonnimadiisii baa dareenka iyo xiisahiisaba ka tirantay. Waxaa meesheedii galay oo dadka u muuqday qabiil ama isbahaysi qabiil oo hubkii dawladda, magac qabiil loogu dulmayo. Qarannimadii, haddii ay ahayd shacri iyo hay'ad ummadda ka dhaxaysa ama ahayd is-ahaansho, qiyam iyo magaca dal ahaan loogu dhaato, intuba way baxeen. Waxaa la noqday kooxo tolliimo ku kala go'doonsan oo aan isugu iman karin himilo iyo hoggaan mid ah.

Ayaga oo aan waxba ku heshiis ahayn, kuna heshiin karin, ayuu Taliskii Siyaad Barre dumay. Saddex tobanguuro ayaa dhis dawladeed lagu hawlan yahay, welina waa qabyo aan la hubin qabyatirkeeda. Xataa Somaliland oo maamul iyo degganaashaba qayrkeed ka roon, filqanka qabyaaladda siyaasadeed iyo musuqeedu, haddii aan hadda la horqabataynin oo aan wax laga qaban, halis ayay mustaqbalkeeda gelinayaan. Mushkiladdu meel walba waa tagtadeedii oo timaaddadeeda ku gudban.

Waa ta uu ka hadlay Karl Marx oo asaguna yidhi:-

"Dadku ayagaa sameeya taariikhdooda; u mana sameeyaan sida ay jecel yihiin; ku mana sameeyaan awaaleyaal ay doorteen; bal waxa ay ku sameeyaan awaaleyaal markaaba jira, oo uga soo gudbay

waayadii tegay. Dhaqankii Soojireenka ahaa ee facyaashii dhintay ayaa ah culays dul saaran masaxda kuwo nool…" (18ᵗʰ Brumaire of Louis Bonabarte Karl Marx, 1852)

Mushkiladda Soomaali hor taalli waa dhismaha qaran dawladeed, la'aantiina ma wada noolaan karto, adduunkana la ma noolaan karto, bal si magacuba u jiri karo, ayaa su'aali fuulaysaa; waayo adduunku ma oggolaanayo daleel dawlad ka madhan oo argaggixiso iyo budhcadbadeed kaga soo fufto.

In ay jirto iyo in aanay jirin, labadaas is burinaya ayay Soomaalidu maanta u dabran tahay. Waa dhab oo goob kastaba, Soomaalidu dawlad ayay u harraadan tahay (malaha wax ay isku raacsan tahayba, taas baa la hubaa); waxa ay se ka raadinaysaa soojireenkii dhaqanka dawlad-la'aaneed. Xeerkii kala-abtirsiga iyo hiiladii tolliimo iyo eexadii qabyaaladeed ayay dawladnimo uga soo maydhax-diiraysaa. Waa ta murtida hadalka Karl Marx tilmaamayo oo tagtadii xooladhaqatada reerguuraaga ayay sal iyo sees uga dhigaysaa dhiska qaran dawladeed. Waxay se tahay: arrinta qarannimo gadaal ma jirto ee maanta, berri iyo ka dib ayay la xidhiidhaa oo i na sugaysaa. Waxaa burinaysa aragitada ku baadidoonaysa habkii boojimada xoolaha loo qaybsan jiray. Dhiska qarannimo waa car iyo boorrin Soomaali hor taal. Karti iyo halabuurnimo hor leh ayay rabtaa.

Qaraalkani waxa uu ka hadlayaa oo uu xididkeeda raacayaa qaran iyo qabiil iyo sida aanay isu raaci karin. Waxa uu si gaar ah isu dul taagayaa isdiiddooyinka dhisme ahaaneed ee labada dhex yaal; waxaana uu war ugu noqonayaa dhacdada taariikheed ee labadii qarni, sagaal iyo tobnaad iyo labaatanaad. Darsidda dawladdii Jamhuuriyadda Soomaaliya iyo burburkeedii iyo oddoroska maxaa talo ah, halkan kaga ma aannu hadal. Ujeeddada buuggu waa ta halku-dheggu tilmaamayo ee ah in aan qaran iyo qabiil la isu adeejin karin. Haddii qoraagani taas halkan kaga bogtay ku filan.

1

Qaybta Kowaad

Qabiil Iyo Qaran, Laba Aan Is Qaban

Marka Hore

Qarannimo Soomaaliyeed iyo sidee lagu helaa? Waa mushkilad waayo soo taallay waana arrin ilaa maanta loo dhib mudan yahay. Dawlad sal adag yeelatay ilaa hadda waa riyo; meel kasta oo higilkeedu ka taagan yahayna qalalaase gudaheeda ah iyo dagaal debedda kaga yimaadda, labaduba gunta ayay rujin karaan. Qarannimo marka ay dhaqan iyo dhisme adag yeelato, la arkee in cadow debedda kaga yimid qabsado oo uu waayo xoog ku haysto; se qalalaase gudaheeda ah iyo dagaal sokeeye xididkeeda ma siibaan oo ma tiraan. Waxaa tusaale ah sannadkii 1991-kii, jabkii ku dhacay labadii talis ee Maxamed Siyaad Barre iyo Mengiste Hayle Maariam, labadaba qalalaase iyo dagaal gudaha ah baa meesha ka saaray; ha yeeshee Soomaaliya, dhammaan hay'adahii maamulka madaniga iyo ciidammadii amniga iyo difaaca qaranku gunta ayay ka ruqeen oo dawladnimadiiba way ku baaba'day, halka Itoobiya, Mengiste iyo xukuumaddiisii oo keli ah lagu waayey, dhismihii dawladnimo se aanay innaba meesheedii ka dhaqaaqin. Waxa ay labadu ku kala tageen, dhismaha dawladnimada Itoobiya waxa uu ku fadhiyaa dhaqan iyo hidde soojireen ah oo qarniyo tirsanaya. Soomaalina dhaqan suldad dhexe iyo maamul guud oo soojireen ahaa baan weligeedba ku xididaysanin.

Qodobkan hadda, waxa aynu ku eegaynaa, marka hore, dhaqanka qabiillada Soomaalida iyo sida uu liddiga ugu yahay qarannimada. Liddinnimada lafteeda doodi ka ma madhna oo waxa jira dad u arka in aan qabiilku ka hor jeedin ama aanu xataa saamayn taban ku lahayn qarannimada.

Waxa ay yidhaahdaan, "Qabiilku ma xuma ee waxaa xumi waa qabyaaladda." Badiba dadka sidaas arkaa, labada ayay si u kala saaraan. Xumo iyo samo se, labadu waa qofba sida arrinku u la ekoonaado, waana wax ka duwan natiijada lagu gaadhi karo darsidda waaqica jiraalka ah.

Waxa kale oo la yidhaa haddii aynu Somaliland nahay, qabaa'il isu yimid baynu nahay, qarannimadeennuna taas ayay ku dhisan tahay. Marka sidaas la leeyahay, waxaa la daliishanayaa shirarkii qabaa'ilka ee Burco, 1991-kii, iyo Boorama 1993-kii ee lagu dhisay dawladda Somaliland. Ma aha shirarkaas oo keli ah ee dooddu waxay ku sii arooraysaa golayaasha awoodaha qaran oo si joogto ah, loogu saleeyo saamiqaybsiga qabaa'il. Se taasi ma tahay qarannimadii oo dhisantay? Qaabka muuqda iyo magacyada hay'adaha waa la arkayaa, waxaa se meesha ka maqan nuxurkii qarannimo ee ahaa is-ahaanshaha dadka, dhab ahaan, ku wada abtirsanaya qarannimada. Waxaa jira ifafaalayaal i na tusaya in dareenka reer-hebelnimo, cid kasta kaga weyn yahay qaranka. Waxaa maqan wadalahaanshihii dalka iyo qaranka. Qabaa'il iyo reero ayaa loo kala sheeganayaa hay'adaha dawladda iyo ilaa waaxyaha maamulkeeda. Taasina waxay saamayn taban ku yeelatay kaalingudashada dhammaanba golayaasha iyo garsoorka qaranka. Sababtu waxaa weeye, dhaqanka dawlad-la'aaneed ee qabiillada xoolaraacatada Soomaaliyeed ma laha mana yaqaan awood dhexe oo la isku darsado. Runtii qabaa'ilku wax way kala qaybsadaan, wax se isku ma darsadaan oo ma wada yeeshaan. Wixii dhexdooda yimaadda, xoog iyo xeer mid ay noqotaba, way kala goostaan oo ku kala qaataan.

Ugajeeddada Ereybixinaha

Si uu jidkeennu u qorqoormo, waxaynu hadda ku hor maraynaa qeexidda dhawr ereybixinood oo ay doodda qoraalku ku toosi karto. Markeeda hore, maxaynu uga jeednaa ereyada qabiil iyo qabyaalad, qaran iyo dawlad?

Qabiil, *qolo* iyo *reer* af Soomaaliga, marar badan, isla hal wax ayay tilmaaamaan. Wadarta u ballaadhan ee isugu timaadda magaca qoladu ka soo unkanto, sida "Hawiye, Dir, Daarood iyo Raxanweyn (waa tusaale ahaane)" iyo sii qaybsankooda hoose, heer kastaba, waxa la yidhaa qabiil, qolo ama reer. Hoos ayay joogto ugu sii qaybsantaa, ilaa ay tagto qoyska jifada la yidhaahdo. Waxaa kuwan hoose la yidhaa magacyo badan oo ay ka mid yihiin jilib, laf, jibsin, ardaa iyo kuwo kale.

Laba astaamood baa ku gaar ah ereyadan dambe. Midda hore, mar kasta oo la adeegsanayo waxaa laga muujiyaa qayb ahaanta ay ka tahay qolo ballaadhan. Haddii la magacdhebo jilib Hebel la yidhaa, waxaa laga fahmayaa (qofkii aan aqoonna loo sheegayaa) qabiilka ka weyn ee uu jilibkaasi ka tirsan yahay. Midda labaadna, marka aan loo dan lahayn jilib iyo jibsin ahaanta, heer walba waxaa loogu yeedhaa magacyada qabiil, qolo iyo reer. Marba waa kii qofka madaxiisa ku soo hordhaca. Sii gaar ahaansho, ereyga reer, marka aad u fiirsato hidde-hadalka dadka ee maalinlaha ah, waxa aad maqli 'Reerkaa Hawiye' ama 'Reerkaas Daarood' iwm. Ilaa qoyska u yar, heer kasta oo laga hadlayaaba waa reer. Waxaa ka duwan magaca guud ee ay qabiiladu ka askumanto, sida Daarood, Dir, Hawiye, Isaaq iwm; kuwan ayaga, la ma yidhaahdo jilib iyo jibsin iyo kuwa ka sii hooseeya. Magacyada Samaale, Saab iyo Irir ayaga danaysi siyaasadeed baa, mararka qaar, loo wadwadaa; inta badan se la ma xusuusto.

Marka loo noqdo aqoonta ka soo ururtay cilmibaadhista antoroboolojiga, ereybixinta qabiil oo afcarbeed ka soo

jeedda, way adag tahay in badanka kooxaha Soomaalida
lagu sifeeyaa. Ereyga qabiil waxa uu u dhigmaa *tribe* oo
Ingiriisi ah; asaguna, sida uu faahfaahinayo I. M.
Lewis oo ku xeeldheeraa soojireenka bulshooyinka Soomaalida, waxa
lagu tilmaansadaa koox bulsheed mid ahaanteeda
siyaasadeed iyo xeer-xidhkeeduba *(political & jural unity)* ku
dhisan yihiin dhul gaar ah oo ay wadaagto kuna wada
abtirsato[1]. Waxaa raaca af iyo dhaqan u gooni ah. Sidaas
darteed, qabiilladan awoodda taladeeda siyaasadeed waxay
ka dhalataa xidhiidhka dhulka. Badanka qolooyinka
xoolaraacatada Soomaalidu, gaar ahaan, kuwa aynu ka
hadlaynaa, xidhiidhkaas la ma laha dhulka; ku mana
abtirsadaan oo loogu ma yeedho magaca dhulka ay deggan
yahiin. I. M. Lewis, marka uu ka hadlayo kooxda
xooladhaqatada Soomaalida, waxaa uu doorbidayaa ereyga
clan (af Ingiriis) oo af Carabiga ku ah *cashiirah* (العـشيـرة).
Erygan cashiirah oo ay Soomaalidu u adeegsato macnaha
xigto, waxa uu tilmaamayaa koox bulsheed uu isku xidho
iyadoo lagu wada abtirsado oo magaciisa la sheegato.
Bulshadani magacyada odayaasha xidhiidhsan ee 'is dhalay'
ayay ku sii kala farcantaa oo ugu qaybsantaa jilibbo iyo
jibsinno ilaa qoyska hoose u daaddegaya. Waxaa raaca oo uu
I. M. Lewis qirayaa xeer koox walba gudaheeda ka dhexeeya
oo hiiladeeda iyo hilowgeeda xejiya. Dhismaheeda
siyaasadeed iyo buruudkeeduba, kooxdan, waxa uu ka soo
jeedaa xaqa xoogga dagaalka ee ay leedahay[2].

Qoloda aynu ka hadlaynaa waa ta qaabkaas u dhisan. Isla
markii waa bulshada xooladhaqatada reerguuraaga ah ee ay
Soomaalidu guud ahaan, gaarna Somaliland, u badan tahay

---

[1] I. M. Lewis, A Pastoral Democracy, the African International Institute, 1982, (first published 1961), p. 2.
[2] IBID, p. 3.

(ma aha oo keli ah xooladhaqatadeeda, bal beeralaydeeduna dhismahan waa kala mid). Haddii aynu ereybixinta qabiil u dayno sida aqoonyahannada cilmiga antoroboolojigu u dhigayaan, ereybixinta *clan* ama *cashiiro*, af Soomaali ahaan, waxaynu u la bixi karnaa *abtirsiinwadaag* ama *tolwadaag* oo labaduba nuxurka dhismaha bulshadaas tusinayo.

Tolwadaagtaas xooladhaqatada raacatada ahi, waxay lahayd jiritaan bulsho siyaasadeed mid ah, in kasta oo falkeeda siyaasadeed (political action), istirsigeeda (loyalty) iyo hiiladeeduba la guurguuraan abtirsiinta jilibbada iyo jibsinaha hoos u sii qaybsamaya. Dadku wada xooladhaqato raacato ah buu ahaa. Qofka noloshiisu gees walba reer tolkii ayay ku xidhnayd oo sina uga ma maari karin. Nabadgelyada naftiisa, hantidiisa iyo milgihiisa qof ahaaneedba, awoodda iyo haybadda reer tolkii ayay ku xidhnayd. Xilka ay wadarta tolkii ku ilaalinayso, ayuu asaguna reer tolkii garab iyo gaashaan ugu ahaa. Qofku reer tolkii buu u tirsanaa oo fal kasta oo ka yimaaddaba magaca reerkiisa ayaa lagu xidhiidhinayey. Sidaas darteed kooxda qabiil ama tolwadaagtu waxay ahayd dad is ilaashada oo magaca isugu hiiliya, dhegxumana ka dhawra dhaadashadooda. Sidaas darteed, waxaynu odhan karnaa tolwadaagta Soomaalidu waageedii, fal iyo falcelin siyaasadeed oo suganba way lahayd[3].

Hadda aynu isla eegno ereyga *qabyaalad*. Marka hore, maxaa looga jeedaa qabyaalad? Maxaa se ay isu yihiin qabiil? Ereygan qabyaaladdu ku ma jiro soojireenkii dhaqanka Soomaalida. Waxay dadku yaqaanneen qabiil (ka aynu hadda u la baxayno tolwadaag ama abtirsiinwadaag) oo

[3] Rashiid Sheekh Cabdillaahi Xaaji Axmed, Adduun iyo Taladii, PONTE INVISIBLE, REDSEA-ONLINE, 2010, B130-131.

ahaa qaab dhismeedka siyaasadeed ee ay bulshadu u habaysanayd; ereyga se qabyaaladi ku ma jirin luqadooda. Marka faan la gesho waxaa la dhihi jiray "qabiili". Waxa uu ereygan qabyaaladi soo biiray afartannadii iyo kontonnadii qarnigii labaatanaad, waagii uu carrada Soomaalida ka hinqaday halgankii gobannimadoonka Soomaaliyeed, goortaas oo ay qiirada Soomaalinnimo aad kor ugu kacday. Amminkaas ilaa haddan aynu joogno, ereyga qabyaalad waxa uu leeyahay dhadhan diqo ah oo ay naftu diiddo, waayo waxa uu yeeshay macne ku liddi ah midnimada ummadeed oo dadka qabaa'il iyo reero u kala googoynaya. Ka dib Madaxbannaanidii qarannimo ee 1960-kii, ayuu ereygu yeeshay duluc ah eexo iyo caddaalad-darro. Malaha arrintaasi waa ta keentay in dadka qaar u arko qabiilka iyo qabyaaladda laba aan waxba wadaagin oo aan isu iman karin. Doodda xumaha u celisa qabyaaladda ee ka anfida qabiilka, malaha halkaas ayay ka soo jeeddaa.

In kasta oo ay taasi wax jira tahay, runtu sidaas ma wada aha. Qabiilka abtirsiinwadaagta ah ee Soomaaliyeed waa is-ahaansho ku arooraya mabda'a iska-soo-horjeedka *annaga* iyo *ayaga*; waa hiillada sokeeyaha ee ku salaysan iska-caabbinta shisheeyaha. Eexada ku jirta mabda'a odhanaya *tolkaa gar iyo gardarraba ugu hiili* – xaalad kasta iyo meel walba – waxaa uu horseedayaa caddaalad-darro. Isku-qolada tolliimada wadaagta, dadku dadnimo ugu ma sinna oo isku xuquuq u ma aha. Baaqeedu waa lababa kii ku abtirsiin xiga u eexo. Midda kale, waa wax dabeeci ah in qofku had iyo jeer, tixgeliyo cidda uu ka tirsan yahay ee uu u tirsan yahay, uuna u hoggaansamo ta ay kooxdiisa bulsheed ka rabto; taas awgeed, ciddii tolliimo xigta ayuu qofku weligiiba u dareen nugul yahay. Qabyaaladda dhismaha dawladeed iyo maamulkeeda gashay, meel kale ka ma imannin ee waxaa dhalay dhaqanka eexada iyo hiilada tolliimo, kaas oo ay abtirsiinwadaagta Soomaalidu ku dhisan tahay. Haddii abtirsiinwadaagta reerguuraaga ahi shalay ku loollamaysay geela iyo daaqa iyo ceelka biyaha oo ay isugu hiilinaysay, taas uun baa u soo guurtay awoodda xukun dawladeed iyo danaha laga quuddarraynayo. Waxay ku urursan tahay, *haddii aan qabiil jirin, qabyaaladi ma jirteen*. Ka ma wado in aan dawladdu dulmi iyo caddaalad-darro yeelateen; waxa aan ka wadaa haddii aan qabiil jiri lahayn, musuqa iyo caddaalad-darrada dawladda ka yimaaddaa, waxay yeelan lahaayeen weji kale oo aan qabyaalad ahayn.

Ha yeeshee, macnaha ereyga qabyaaladi, mar walba, isku si ma ahayn. Waagii gumaysiga shisheeye halganka lagu la jiray waxa uu ereygu ku xidhiidhay halkudheggii *"qabyaaladdu ha dhacdo"* iyo *"Soomaalidu ha noolaato"*; mana lahayn duluc ka horjeedda caddaalad-darro iyo qaraabokiil. Ulajeeddadu waagaas, waxa ay ahayd in dadka lagu mideeyo magaca Soomaalinnimo, lagana jiro kalaqaybinta iyo iska-horkeenka qabaa'ilka iyo reeraha. Ururrada halganka hoggaaminayay waxay si weyn, ugu dedaali jireen ka-wacyigelinta dadka xataa sheegashada magacyada abtirsiinwadaagta. Waxay gaadhay ilaa xad magaca qoloda laga dhawro carrabka oo laga xishoodo. Sidaas darteed, ereyga qabyaaladdu waagaas, waxa uu la mid ahaa qabiilka laftiisa; waxa la diiddan yahayna asaga ayuu ahaa.

Madaxbannaanidii qarannimo iyo dawladnimadii Soomaaliyeed ayuu ka soo kordhay ifafaale qabyaaladeed oo aan ahayn kii lagu hirdamayay daaqa, ceelka iyo hantida xoolaha, gaar ahaan geela. Wax kalena ma aha ee awooddii xukunka dawladeed iyo maamulkeedii iyo hantidii guud baa ku dhacay loollankii qabiilka. Waxaa ka dhashay qabyaalad ku duran siyaasadda iyo hoggaanka qaranka.

Macnaha ereyga qabyaaladdu markan waxa uu ka imanayaa wejiga tolliimada ee loogu loollamayo jagooyinka hoggaanka qaranka iyo eexada iyo qaraabakiilka maamulka dawladda ku marmay. Dhibaatadan, sida aynu kor ku xusnay, waxaa yeedhinaya qiyamta tolliimada ee dhaqankii qabiillada Soomaaliyeed. Waa dhaqankii qabiilka oo qarankii lagu rarayo; waana wax ka imanaya dareenka wada dhalashada tolka laftiisa. Haddii la helo hal qof oo qarannimada u daacad ah oo xilka uu u hayo qaranka xeerkiisa mariya, dadkana caddaalad iyo sinnaan ugu adeega, u ma suurogalayso, waayo cadaadin aanu hayn karin baa dhinac walba, kaga imanaysa oo ku riixaysa in uu eexdo.

Aynu hadda u nimaadno qaran iyo waxaa uu noqon karo. Marka loo noqdo taariikhda bulshada aadanaha, waxaa laga helayaa qaabab dawladeed oo aad u kala duwan. Boqortooyin dhaxaltooyo ku dhisan, saldanado awood qof ahaaneed oo aan xad celiya lahayn, kelitalisyo afgembi ku yimid oo xoog hubaysan cid kastaba ku muquuniya iyo dawladda dimoqraaddiga ah ee casrigan, intuba magaca way wadaagaan. Sida ay u kala wada jaad yahiin, waxaa la moodaa in aan qeexid mid ah loo helaynin; ma se aha sidaas ee wax ay wadaagaan baa jira.

John Locke (1632-1704) baa yidhi, baa la yidhi: awoodda siyaasadeed waa xaqa samaynta sharci qofkii jebiya ku xukuma ilaa dil iyo intii ka hoosaysaba[4]. Qaran waxa u horreeya ee lagu yaqaan waa awoodda siyaasadeed ee dhexe. Max Weberna waxaa uu ku sifaynayaa hay'ad keligeed xaq u leh in ay xoog iyo gacan kulul adeegsato. Waa

---

[4] Jonathan Wolff, An Introduction To Political Philosophy, Oxford University Press, 2006, B 7.

quwadda qudha ee la oggol yahay in uu sharci ka soo baxo oo ay ku socodsiiso xoog hubaysan.

Sifaaleyaalkaasi waa laga helaa qaran dawladeed dhammidood; marka se aynu u nimaadno casrigan aynu joogno, waxaynu odhan karnaa: Qaran waa bulsho rayid ah oo leh habdhismeedyo siyaasadeed iyo habyaallo (political institutions) oo u abaabulan qaab xukun dawladeed oo dhexe. Rukummadeeda saleeyaha ah waxaa u mudan: Dhul leh soohdin sugan oo ay kelideed ka taliso. Waxaa halkan ku jira oo hadalku u dhacayaa, dhul ku hoos jira haybadda qarankaas oo loo aqoonsan yahay. Waxaa dhaci karta in qayb ama qaybo ka mid ah dhulkaas ay awood kale oo gudahooda ahi ka taliso, ta muhiimka ahi se waa in cid kasta oo ka talisaaba ka wakiil tahay qaranka, ama ugu yaraan haybaddiisa aqoonsan tahay. Rukun kale waa mabda'a kelida qofeed ee xorta ah oo jiritaan siyaasadeed iyo xilqaad naftiisa ah leh, wadar ahaanna u noqda muwaadiniinta uu dalku ka dhexeeyo. Waxaa soo raaca xeer, qaanuun ama sharci (waa isla halkiiye) dhulkaasi ka wada hirgala, dadkana qof walba iyo hay'ad kasta oo leh shakhsiyad sharciyeedna qabta. Rukun kalena waa hab-maamulka madaniga ah iyo ciidanka hubaysan (boolis) ee u jabsan in uu xoog ku meelmariyo sharciga ka soo baxa hay'adda awoodda qaranka, ciddii ka hortimaaddana xoog ku muquuniya. Waxaa kale oo rukun ah, garsoor habaysan oo sharciga fasira oo ciddii qodabbadiisa isku qabata ku kala saara.

Ereybixinta qaran, marka ay sidaas tahay, waxa ay u dhigantaa oo aannu uga jeednaa, state oo ah ingiriisi ama *al-dawlah* oo ah Carabi. Ereygan dambe, af Carabiga qaranna wuu u dhigmaa, awoodda fulintana, isla mar ahaan, wuu tilmaamaa. Dawladdu markan waa xukuumadda marba maamulka dalka haysa. Tusaale ahaan, waa ta la yidhaahdo 'dawladdii Hebel' ayada oo loo jeedo xukuumaddii uu ka madaxda ahaa. Mar kale waa ta la dhaho 'dawladdii xisbigaas iyo xisbigaas'. Halkan ayay ka muuqataa waxa ay labadu ku kala geddisan yahiin, oo jiritaanka qaranku waa negi joogto ah, halka dawladdu, marka looga jeedo cidda hawlaha qaranka fulinaysa ama xukuummadda, ay noqonayso wax is beddeli kara. Hayeeshee hab ahaan, xukuumadduna dhismaha guud ee qaranka ayay ka mid tahay.

Ujeeddada aynu daba soconnaa waa nuxurka xidhiidhka ka dhexeeya habyaalka ama nadaamka tolwadaagta Soomaaliyeed ee reerguuraaga ah iyo qarannimada Soomaalidu u hanqaltaagayso.

Bartilmaanteenna hore ee male-awaalka ahi waxay tahay dhismaha dhaqanka abtirsiinwadaagta Soomaalidu wuu burinayaa qarannimada iyo dawladdeeda. Si aynu arrintan runteeda uga yoolgaadhno, waxaynu meelo iska tusi doonnaa qiyamta ama qaayasoorrada siyaaasadeed ee bulshadaasi ku dhisanto ee hoggaamiya faldhaqanka dadkeeda, koox iyo kowba. Waxaa xiga oo aynu uga gudbaynaa muujinta sida dhismaha abtirsiinwadaagtu ugu liddiga yahay hannaanka qarannimo hagaagsan iyo dawlad wanaagsan.

Bulsho Dawlad-la'aaneed

Dhismaha bulshada abtisiinwadaagta Soomaaliyeed waxaa uu ka kooban yahay qiyam ama qaayasoorro gebi ahaan burinaya qarannimada aynu kor ku soo tilmaannay. Kuwa u mudan waxaa ka mid ah xoogga iyo dirirta joogtada ah, tolliimada iyo hiilada sokeeye. Ta u horraysa: bulshadaasi waxa ay ku noolayd xaalad dawlad-la'aaneed oo ay nabadgelyadeedu ku xidhan tahay, marka hore, xoogga qofka; marka xigana xoogga reer tolkii. Waa xaalad si weyn ugu ekoon tii uu Thomas Hobbes (1588- 1679) kaga hadlay buuggiisi caanka noqday ee Leviathan, taas oo uu ugu magac bixiyey xaaladda dabeecadeed (state of nature). Waa xaalad aanay dawladi jirin oo ay cid waliba dagaal joogto ah ku la jirto cid kasta oo kale. Waa xaalad qofku ku nool yahay cabsi uu ka qabo in la qudh gooyo[5]. Ulajeeddada Thomas Hobbes iyo digniintiisu waxay ku urursan tahay, meeshii aanay joogin dawlad leh awood ay dadka ku kala waabiso, lamahuraanku waa iska-horimaad iyo dirir ba'an oo dadka ka dhex dhacda.

Thomas Hobbes waagiisii badanka fikireyaashu ma malaynaynin in ay dunida ka jirto, ama soo martayba bulsho ka madhan qaab dawlad dhexe oo dadka guud ahaan xukunta[6]. Dooddiisuna, Hobbes waxay ka ahayd male-awaal ku saabsan dhul aan dawladi ka jirin, sida xaal noqon karo. Waa se la hubaa in dunidii, waagaasba (qarnigii 17aad) ay ka jireen dadyow aan lahayn hannaan dawladnimo; waxaana ka mid ahaa qabaa'ilka Soomaalida reerguuraaga ah. Dhulka Soomaalidu degto waagaas waxa ka jiray dawlad magaaleedyadii Muqdisho iyo Saylac iyo boqortooyadii Ajuuraanka; ha yeeshee in badan oo ka mid ah tolwadaagaha Soomaalidu way ka baxsanaayeen xukunkooda.

Maanta haddii aynu akhrino buugga Leviathan, oo markii u horraysay, la daabacay 1651-kii, waxaa la moodaa Hobbes in uu ka hadlayo noloshii tolwadaagaha reerguuraaga Soomaalida. Thomas Hobbes fikraddiisu, ayada oo kooban,

---

[5] ibid, b 8.
[6] ibid, b 7.

waxay tahay abuurta dabeeciga ee aadanahu waa helidda waxa ay naftiisu jeceshahay. Meel ay ku eg tahay oo nafta damaceedu ku joogsadaana ma jirto. Mar kasta wax naftu rabto oo qofka ka maqan baa jira. Waxaas ay naf waliba rabto oo aan dadka wada gaadhi karin ayaa, meel aan dawladi ka jirin, la iskaga hor imanayaa; waxaana ka dhalanaya colaad iyo dirir aan dhammaanayn. Waa ta uu ku tilmaamayo dagaal ay cid waliba ku la jirto cid kasta oo kale (war of all agaist all)[7].

Markan waxaa qaayo yeelanaya oo wax kasta ka mudan xoogga uu qofku ku heli karo rabitaankiisa. Waa xaalad uu xoogga dagaalku xoolo keeno, la'aantiina lagu waayayo. Wixii uu qofku haysto, cid aan haysan baa ku soo weeraraysa oo ku dilaysa. Xoog ayuu xoolo ku heli karaa, kuna haysan karaa, kuna sii biirsan karaa. Xooggu markan waa dad, duunyo iyo hub, magaca dagaalyahan oo u baxa iyo wax kasta oo lagaga habrado (xusuuso magacyada Wiilwaal, Xirsi Ammaan, Mataan Ciideed, Xuseen Xasan, Afxakame, Aadan Galaydh iyo kuwo kale oo badnaa). Waayahan, sida Hobbes ku sifaynayo, xoog-biirsigu ma joogsanayo, illayn nacabkiisuna way u urursanayaaye. Sidaas darteed, ku tartanka xooggu, asaguna, ma laha meel uu isku taagto. Qofkii aan haysannin wax laga hungureeyo, asaguna, ma badbaadayo, waayo faramadhnaantiisu waa sabab lagaga shakiyo in uu soo weeraro kii wax haysta; shakigaas oo keli ah buu ku dhimanayaa. Ka xoogga weyn iyo kii uu u baxay magaca dagaalyahan dilaa ah oo aan dhinaciisa dhul la dhigin, ayaguna ma ammaan-qabaan, waayo dilkooda iyo dhacooda magac iyo maalba waa lagu doonayaa oo weerarka u badan ayaa mar kasta ku soo maqan. Naafada aan lahayn tamaro dagaalna laga ma cabsi

---

[7] ibid, b 10.

la'a, waayo, gaadmo iyo ciidan kaleba wuu ku adeegan karaa.

Qofka xooggiisu ku ma filna; sidaas darteed, waa la isu xoog badsanayaa oo saaxiibbo, iyo dhoobbi kiraysan iyo addoon la soo qafaashay iyo qaraaboba waa la isku xoojinayaa.

Marka aynu u fiirsanno, sababta dagaalku, ugu dambanyta, waxay u dhuranaysaa shaki iyo cabsi la kala qabo. Taas darteed cid waliba waxa ay ku tashanaysaa in ay ayadu nabarka ku hormarto. Waxay u arkaysaa in difaaceedu ku jiro weerarkeeda. Hobbes wuu qirayaa in aanu dagaalku ahayn mid goor walba oogan ee ay jirto gooro la dhiillo la' yahay. Waxaa se mar kasta lagu jiraa cabsida weerar goor kastaba iman kara. Waxa lagu jiraa oo aan laga gudbaynin xaalad, mar walba, dirir loo toog hayo. Sida uu Hobbes, marka dambe u dhigayo, dagaalku wuu ka tegayaa hungurigii xoolaha oo wuxuu noqonayaa isdifaac. 'Inta aanu kugu dhufan adigu nabarka kaga horree'. Hobbes waxa uu u arkaa in wacaalaha dawladnimo ka dhalatay tahay dhibaatadaas iyo sidii looga raysan lahaa. Dawladdu waa xooggii dadka qof-qof ugu filqanaa oo la isugu geeyey awood dhexe oo ay cid waliba hoos timaaddo.

Aynu hadda is weydiinno ilaa heerka taas looga meeldayi karo dhismaha tolwadaagta reerguuraaga Soomaaliyeed. Ma la odhan karaa xaaladdan Thomas Hobbes uu qarnigii 17-aad, mala-awaalay, waa ta ay abtirsiinwadaagta xoolaraacatada Soomaalidu ku sugnayd waagaas, ilaa maantana aanay ka dhammaannin ee ay u dabran tahay hidde-aroorkeedii?

Qabiillada tolwadaagta raacatada Soomaaliyeed, marka aynu hadda hoos ugu fiirsanno, waxaynu ku arki wax badan oo Thomas Hobbes kaga warramay *Xaaladda dabeecadeed (State of Nature)*. Waxaa ka mid ah adeegsiga xoogga mutuxan ee lagu kala sedqaado. Xoolaha oo uu geelu u mudan yahay xoog dagaal baa lagu soo xerogashanayay oo lagu haysan karay. Dhismaha bulsheed iyo siyaasadeed ee kooxda isku qolada ah, dhaca iyo dhacsiga geelu rukun adag buu ka ahaa. Dirirtu haddii aan maanta lagu jirin, filashadeedu mid ammin kastaba taagan ayay ahayd. Waxay yidhaahdeen: *"nabadi wax ku ma yeeshee, colaad u toog hay"*. Si-aragga bulsheed ee dhaqanka raacada Soomaaliyeed waxaa ka mid ah in qofku, si gaar ahaaneedna ninku, xoog iyo gacan kulul ku qaado waxii uu ku qaadi karo, wixiisana ku dhacsado. Waxaa kale oo ka mid ah inuu naftiisa, maalkiisa iyo milgihiisaba gacantiisa ku difaaco, dirirna u feejignaado. Waxay ku maahmaaheen: *"dagaal gondahaaguu ka dhashaa"*. Waxay i na tusaysaa sida fudud ee dagaalku uga dhex dhacayay dadkaas. Waxa u yar ee la isku qabto, dhif ayay ahayd, dagaal hortii, in geedka garteeda la tagaa. Nabarka kulul baa marka hore la bilkeedayey. Sida ay rumaysnaayeen, marka waranka la dhiigeeyo ayaa la is dhegasanayey. Waa halkii ay ka yidhaahdeen: *"nin aan warankaagu gelin, weedhaadu ma gasho"*. Khasaarihiisa ayaa geedka garta la keenayey. Noloshii bulshadaasi iyada oo kooban waxay ahayd colaad-u-joog. Waa halka ay ka yidhaahdeen: *"lugna dirir ugu joog lugna nabad,"* 'baqe'-na waa la yidhaaye.

Dhaqanka raacatada, Soomaaligu marka uu gardarro tirsado, ceeb buu u yaqaan in cid kale loo ashkatoodo. Haddii ashkato la la soo qaado, Soomaaligu inta uu is dhufto ayuu yidhaa: *"Oo miyaan ka baqanayaa?!"* Alle ha u naxariisto ee Axmed Sheekh Jaamac, diiwaankiisa maanseed ee *Cadlidoonaha Daal Allaa Baday*, tixda 15aad, ayaa shakhsiyadda raacatada soomaaliyeed, si qayaxan oo qurxoon u soo bandhigaysa[8]. Habka dhismaha abtirsiinwadaagta reerguuraaga Soomaalida, xaqu waa inta xooggu kuu gooyo. Darajada aad bulshada ku yeelan kartaana waa xooggaaga. Sidaas oo kale, haybadda ay koox Reer Hebel la yidhaahdaa leedahay, waxay ku xidhan tahay xooggeeda dagaal. Qofka waxa lagu taxgeliyo ee lagaga dhawrsado, geeliisu dhulka ku daaqo, iyo waxa lagu la xidido ee lagu xurmeeyaa waxay ahayd xoogga iyo biliga qolodiisu ku dhexl eedahay qolyaha kale. Dadka Soomaalida ah ee hayb ahaan loo takooro, meel kale laga ma raacin ee waa loo xoog sheegtay. Waa la moorduugay oo qudhaa laga muquunshay. Inta dhaqashadii xoolaad laga xarrimay, ayaa xirfad kasta oo kalena lagu takooray. Waxay yidhaahdeen: "*ama buur ahaw ama buur ku tiirsanow*". Gobannimo xoogga ayay saarrayd. Xoog la'aantii waa lagu gumoobayey.

Waa run oo bulshadaasi xoog, dagaal iyo hiilo tolliimo oo keli ah ma ahayn ee qiyam anshax dadnimo oo guudna, intaa ka badan ayay lahayd. Sidiisana ereyga qiyamta waxaannu halkan uga jeednaa waxyaalaha dadku qaayo siiyo ee hanka iyo hiyiga dadku tiigsado dhammaantood. Waxaa ka mid ah, tusaale ahaan, deeqsinnimada, dulqaadka, geesinnimada iyo dagaalyahannimada oo ayadu bulshada aynu ka hadlayno meel lafdhabar ah kaga jirtay. Waxaa se bulshadan agteeda kow ahaa oo aannu si gaar ah u eegaynaa qiyamta nabadda iyo dagaalka, xoogga iyo adeegsigiisa, tolka ama tolliimada iyo hiilada sokeeyaha.

Ta se la is weydiin karaa waxay tahay, guud ahaanba, bulshada dawlad-la'aaneed miyaanay lahayn xeerar

---

[8] Axmed Sheekh Jaamac, Cadlidoonaha Daal Allaa Baday, Ponte Invisible, 2013, B 49.

dawraac iyo anshax ama akhlaaq dadnimo ah oo waabiya
xoogga mutuxan? Isla su'aashani waxay ka hor timid
Thomas Hobbes. Waxa uuna ku war celiyey xaaladda
dabeecadeed (state of nature) ma jiraan xeerar anshaxeed
(moral rules); waayo ma jirto awood dadka u dhex ah oo
dejisa xeer, dadkana ku kala saartaa. Qofku xooggiisa ayuu
u irkanayaa oo uu ku dedaalayaa in uu tiisa ku gaadho kuna
difaaco. Mar haddii aan cidina cid kale ku kalsoonayn oo
cabsi la kala wada qabo, aanayna jirin quwad kale oo ay
cidina nabadgelyadeeda ku hallaysaa, waxaa uu qofku dan
moodi karaa in uu weerar ku qaado ciddii uu cabsi ka qabo,
si uu isu difaaco. Waxa uu Hobbes leeyahay haddii anshaxu
yahay xeer damiirka dadka ka yimaadda oo ku salaysan
kala-saaridda daw iyo dawdarro, caddaalad iyo caddaal-
la'aan iyo xaq iyo baadil, xaaladda dabeecadeed, qofku daw
iyo jid buu u leeyahay in uu is difaaco; meesha uu weerar
kaga iman karana asaga ayuun baa og oo garan kara. Sida
ugu habboon ee uu isu difaacayo asaga ayaa qiyaasi kara,
waxayna noqon kartaa in uu weerarka ku hormaro. Hobbes
waxa uu u arkaa xaaladdan, xaqa jiraa waa xaqa xorriyadda
isdifaaca oo keli ah; waana daw taasi. Waxa uu xaqaas uga
magac-dhigayaa *xaqa dabeeciga ee xorriyada (Natural Right of
liberty)*[9]

Maxaynu hadda ka nidhaa dhaqankii lagu yaqiin
abtirsiinwadaagta Soomaaliyeed? Jawaabta dad badani,
meel dhow ka soo qabanayaa waa xeerarkii qolyaha
Soomaalidu, gaar ahaan, jilibbada iyo jibsinaha wadaaga
daaqa iyo ceelku ku wada dhaqmi jireen, taladii odayaasha
iyo gartii geedka iyo weliba qiyamtii birimageydada ee
dibuheshiisiinta fududaynayey. Tu intaba ka sii mudani
waa hiyiga nabadda raba ee dadka ku jira. Waxaa run ah in

---

[9] Jonathan Wolff, An Introduction To Political Philosophy, Oxford University Press, 2006, b13.

nabadda la jecel yahay, sidaas darteedna ay qiyamta bulshadaas ka mid ahayd. Waxaa ka marag ah dhaxalka suugaanta Soomaaliyeed, tix iyo tiraabba. Ha yeeshee geesta kalena waa run oo colaadduna, sidii aynu hore u faahfaahinnay, rukun adag ayay ka ahayd jiritaanka bulsheed iyo siyaasadeed ee tolwadaagta xoolajiratada Soomaaliyeed. Waxa aad ku garataa barbaarinta carruurta, siiba wiilka; dhallaannimadiisa ayaa dagaalyahannimo lagu barbaarin jiray; halka uu nabad-talinta waayeelnimo ku baran jiray. Colaadda iyo nabaddu laba qaayasoor oo isa sudhan ayay ahaayeen. Qolo walba xooggeeda ayay nabadgelyadeedu ku xidhnayd, waayo waa lagu tixgalinayey. Xooggu, ka sokow tirada gaashaanqaadka, xoolaha iyo magaca dagaalyahannimadana wuu ahaa. Waxaad ku garataa qolyuhu ka ma sheekeeyaan badiba dhacadada nabadda; waxay se ay had iyo jeer, hadalhayaan dhacdooyinka dagaalka iyo faanka libintooda. Haddii laba qolo oo aan dagaal isku barani dhul ku kulmaan, dagaalkoodu wax yar buu ka kici jiray; waayo labada dhinac quudhsi ayay ku kala shakiyayeen oo dagaalkooda dedejinayey. Qadhaadhka ayaa marka hore la is tusayey. Marka dirirta la isku barto, ayay nabaddu imanaysay. "Nin aan warankagu gelin" ayay ahayd "weedhaadu ma gasho". Waxaynu odhan karnaa colaaddu, qiime ahaan, mar kasta ta nool ayay ahayd; xataa marka aanu dagaal soconnin, filashadiisa ayaa dhoweyd oo loo feejignaa. Gees kalena dagaalka ayaa nabadda lagu keenayay oo jid u ahaa. Isu-dhiganka xoogga dagaalka ayaa la isku tixgelinayey. Sida aynu kor ku xusnay, qoladii "aan buur ahayn, buurna ku tiirsanayn," bar lagu ma reebaynin. Waxay ku urursan tahay, qaayaha xoogga iyo dagaalka ayaa sal iyo seesba u ahaa nabadda oo ay ku saldhigaysay.

Qaayasoor kasta waxaa ku ladhan majeerasho iyo lagaaddo, sharaf iyo ceeb. Bulshadan dagaalka ayaa ammaanta lahaa; xaalado badan nabad-qaadashada hore, waxaa looga carari jiray, yaan lagu odhan waa fule. Dagaalka, canaan mooyee, ceebi ninna ku ma raacaynin.

Waxaa kale oo qoloda abtirsiinwadaagtu, si door ah, u qaayasoortaa tolka iyo tolliimada. Ayada lafteeduna waxay ku sal leedahay xoogbiirsiga iyo dirirujoogga la yahay. Waayo nabadgelyadiisu qofka, naf iyo maalba, tolkiisa ayay ku tiirsanayd. Gees kalena tolku waa isahaanshaha qofka. Waa bulshada uu ka tirsan yahay ee uu u tirsan yahay.

Qaayasoorka tolliimadu waxay ka soo jeeddaa oo jirrid u ah abtirsiinta iyo mabda'a wadadhalashada ee xoojinaya isu-ahaanshaha iyo isku-xidhnaanta tolka. Wada dhalashadu waxay u adeegaysaa adkaynta xidhiidhka tolliimada oo ayaduna xoojinaysa qiimaha hiilada tolliimo. Hannaankan qaayasooreedna, sidaas darteed, waxa uu ku biyoshubayaa tamargelinta xoogga cududda dagaalka ee tolwadaagta. Waa qiyam xidhiidhsan oo midba ka kale u jiidmayo. Halkaas ayay ka imanaysaa kaalinta hiilada tolliimo ee ku fadhida mabda'a "sokeeyahaa gar iyo gardarraba u hiili". Marmarka ay dhacdo in ninku arrin ku diido tolkii, ujeeddadiisu waa u-hiilinta tolka ee ma aha ka-hiilin, waayo arrinta ayaa ah tu ay tolkii dhibaato, gaar ahaan, magac-xumo, uga imanayso.

Waa run oo bulshadan ku dhisan abtirsiinta, tollimaadu way guurguuraysaa oo waxay sii kala noqonaysaa jilibbo, jibsino iyo wax ka sii yar. Sidaas darteed, ma la oran karaa tolliimadu meel sugan ma fadhido oo qaayasoorkeedu ma sal adka? Haddii aynu se hoos u sii dhuganno, taasi waxa ay ka marag kacaysaa qaayaha xidhiidhka tolliimada. Marka hore, waxa guurguuraya ee hoos u sii furfurmayaa waa hiilada. Tolliinamadu marba waa heerkii loollanku ka taagan yahay. Hiilada ayaa tegaysa in kii shalay la isu hiishanayay maanta la nacabsado. Qaayaha tolliimadu mar kasta waa joogto, waayo qofku heer walba, tol buu dugsanayaa. Marba heerka loollanku ka socdo ayay ku xidhan tahay. Waa bulsho hilowgeeda iyo hiiladeedu aanay meel qudh ah ku sugnayn. Sokeeyaha maanta ayaa berri shisheeye ah. Laba qolo oo hadda colaadi ka dhex ooggan tahay, ayaa qolo abtirsiinta ka fogi soo durrayn jirtay; markaas ayay labadii dirirtu ka dhex oognayd dhinac ka safan jireen. Shisheeyihii haddeer nacabka ahaa baa tol noqon jiray. Tolliimadu runtii waxay ahayd waxa u weyn ee dareenka qofka kiciya ee falkiisa dhaqaajiya.

Dhinac kale, marka loo fiirsado qofku sida uu ugu dhego nuglaa qayladhaanta iyo tiratirada tolkii, waxa la moodaa in tolku leeyahay midnimo adag oo gudahiisa ah. Ma se aha sidaas. Mid ahaanshaha qolada abtirsiinta wadaagtaa waxay ku xidhan tahay nacab shisheeye ah oo ay iska eegayso. Bal jiritaankeedu taas ayuu ku dhisan yahay. Nacabkaas marna la ma waayo. Sidaas darteed, haddii ay dhacdo xaalad aanu jirin cadow la iska eegayo iyo cid werwer ku haysaa, shakiga ayaa markaaba dhexdeeda yimaadda; markaas ayay hoos isu nacabsataa. Waa ta keenaysay dagaallada jilibbada isku qolada ah ka dhex dhici jiray[10].

Waxaa dadka qaar ku doodaan bulshada tolwadaagta xooladhaqatada reerguuraaga ahi waxay lahayd xeer iyo habdhismeed (institution) ay dhibaatooyinkeeda ku xalliso oo nabadda ku ilaaliso. Waa run oo qabiilku, abtirsiin keli ah ma ahayn ee isla markii, xeer baa u yeelayay midnimadeeda siyaasadeed. Ha se ahaatee, xeer ama qaanuun, sharci iyo

[10] Rashiid Sheekh Cabdillaahi, Suugaanta Nabadda iyo Colaadda, 2009, PROGRESSIO & PONTE, b 51, 54.

shareecaba, waxa ay leeyihiin ulajeeddo ama himilo iyo abbaar dad isku og yahay iyo cid cayiman oo uu u mayal qabata. Xubnaha xeerka tolwadaagaha aynu ka hadlaynaa waa jilibbada ama jibsinaha ku heshiiya ee ku wada dhaqma. Waxa uu xeerkaasi qabtaa waa kooxda ee ma aha qofka. Tusaale ahaan, haddii nin Reer Hebel ah la dilo ama la dhaawaco, Reer Hebel baa, wadar ahaan, dembiga u qaba, waxaana dembigaas laga galay reerka kale, wadar ahaan. Xubinta uu xeerku abbaarayaa waa qolada dhammaanteed. Masuuliyadduna, mar walba, waa tu wadareed. Geesteeda kalena xaqa uu xeerku ilaalinayo waxa leh wadarta Reer Hebel. Magta la wada bixiyo ee la wada qaataa taas ayay ka tarjumaysaa. Ulajeeddada u mudan ee xeerka laba qolo wada galaan wuxuu ahaa xoojinta tolliimadooda iyo nacabka ay iska gaashaanbuursanayaan. Xoogbiirsigii aynu meel kale kaga soo warbixinnay buu xeerku u dhacayaa.

Waxa ay yidhaahdaan nabad-diidka, reer tolkii baa qaban jiray oo geed ku xidhi jiray. Waa ta ay u dhacayso maahmaahada tidhaa: "nin waalan tolkii baa u miyir qaba". Ha yeeshee waa ayo reertolkaasi? Reerku mar kasta waxa uu u sii qaybsan yahay jilib, laf, jibsin iyo jifo. Mar walba kuwii asaga sii abtirsiin xiga ayaa la safanaya (qaayasoorkii hiilada). Marka ay dani run sheegto ee cududo isku jabaan, ee dagaal la iska soo taago, ayaa nabad-diidka, kuwa cid u sii xigaa xidhi jireen. Inta badan se nabaddoonka waxaa ka awood badnaa ka nabad-diidka ah ee colaadda raba. Xeerarka la sheegayo waxa xoog u ahaa hiilada tolka gudahiisa. Marka se ay nabadda tahay aad ayay xeerarkaasi u tamar yaraayeen. Marka dhiillo timaaddo falcelinta aargoosiga ayaa ka dheerayn jirtay codka nabadda.

Dawladda dawlad-la'aaneed

Intaas aynu soo sheegnayba waxay sugayaan in habdhismeedka tolwadaagta Soomaaliyeed iyo qarannimo yihiin laba is diiddan oo is burinaya, oo aan isuna adeegi karaynin; bal mikoodba ka kale wuu tirayaa. Waxaa taas keenaya unugyada uu midba ka abuuran yahay iyo ujeeddadiisa ayaa isku lid ah. Qarannimo dhab ah iyo maamul dawladeed oo hagaagsani, marka hore qabyaaladda ayuu tirayaa. Waqti dheer ka dibna, horumarka ka dhasha taasi qabiilka laftiisa ayuu socotada taariikhda ka saarayaa.

Waxa jira dad masaladan dambe ka dooda oo yidhaa qabiilka Alle (swt) ayaa jiritaankiisa ku xusay kitaabka Quraanka ah[11]. Sidaas darteed la ma diidi karo. Arrintu se ma aha oggolaansho iyo diidmo ee waxaa weeye waxa ay qarannimada maanta isu yihiin iyo halka uu berri ku dambayn doono. Ta se halkan xusuusta mudani waxa ay tahay qabaa'il iyo shucuubiba waa qaab taariikheed aadanuhu soo maro, is beddela oo heerar kale looga gudbo. Waxaa u tusaale ah qabaa'ilkii Carabta ee jiray xilligii rasuulka (csws) ee Alle quraanka soo dejiyey, sida Quraysh, Aws iyo Khasraj, muddo ka dib way tirmeen oo horumarkii xadaaradda Islaamka ayaa meesha ka saaray. Qiyamta xadaaradda Islaamka ayaa dadka, si kale, isugu xidhay.

Isweydiintu waa sida ay isu burinayaan. Ta u horraysa, qaran, casrigan aynu joogno, waa dhul noqda dal magac leh (dal waa haltusmeed siyaasadeed oo tilmaamaya lahaaga qaranka ka jira dhul gaar ah). Waxa dal ka dhigaana waa wadalahaanshaha uu kaga dhexeeyo dadka ku nool oo aan ugu kala soocmin qabaa'il iyo reero, bal uu qof waliba ka yahay muwaadin ku noolaan kara meeshii uu doono,

---

11 ALQURAAN, Suuratul Xujuraat, Aayadda 13aad.

xuquuqdiisana ku heli kara. Ta labaadna waa dawlad
dalkaas, sida uu u dhan yahay, ka talisa oo xukunkeedu ka
wada fulo. Labadaasba habka tolwadaagtu wuu burinayaa,
sida qarannimaduna, haddii ay dhabowdo, u burinayso
qiyamta ay tolwadaagtu ka dhisan tahay. Qarannimadu
waxay ku hirgashaa *sharci* (sharci, shareeco iyo qaanuun,
waxaynu uga dan leenahay waa ku-dhaqanka iyo fulinta
xukunkooda loo siman yahay oo keli ah). Kooxda ay isku
xidho tolliimadu ma taqaan xeer iyo sharci dadka qof walba
qabta. Xeerkeedu wadarta mid ahaaneed ee tolka ayuu
ilaaliyaa. Marka uu xeerkaasi soo galo xidhiidhka bulshada
qarannimo, waxa uu u hiiliyaa qofka dembiga qaba, kooxda
tolliimana dembiqabahaas ayay u hiilinaysaa. Waxayna
taasi keenaysaa sharciyadii ay dawladdu ku dhisnayd oo
burburta. Waayo xeerka qabiilo waxa uu hirgelinayaa
hiiladda tolliimo, sidaas darteedna sharciga dawladeed waa
uu jebinayaa. Tusaale ahaan, si-aragga *"sokeeyahaa, gar iyo
gardarraba u hiili,"* sharciga sinnaanta qaranku ku dhisan
yahay wuu burinayaa. Jago aanu qofku shuruuddeedii
sharciyeed ku mutaysanin ayaa loogu dagaallamayaa; hanti
qaran iyo tu gaar ah ayuu lunsanayaa; dil, dhac iyo
dhaawacba wuu geysnayaa oo hiilo tolliimo ayaa loogu
gurmanayaa; laba reer ayay noqonaysaa oo sharcigii
qaranka waa la baal marayaa.

Xataa xeerka anshaxa dadnimada wacani ma saameeyo oo
nin Reer Hebel ah ceebi ma qabato. Si joogto ah, waxaynu
maqalnaa hanti la lunsaday, damiirka dadkuna ka ma
damqado; la ma yidhaa waa tuugo; magacxumana cid ka ma
raacdo. Haddii midkood la dhigo xabsiga, markiiba caaqil
iyo suldaan baa ka daba tegaya, ka dibna reer abaabulan baa
madaxda dawladda ku cadaadinaya in la sii daayo. Dawlad
markeeda horeba, lagu dhisay qaybaalad siyaasadeed,
cadaadintaas way u debcaysaa. Sharci qaran, qabyaalad

hoosteeda ka ma socon karo. Dhagaraha u daran kuwii galay ayaanu boolisku hayn karin. Waxaa meesha imanayaa waa dhaqankii dawlad-la'aaneed oo muuqaal dawladeed la huwiyey. Waa dawlad dawlad-la'aaneed.

Maanta dhaqdhaqaaaqa nolosha siyaasadeed ka aloosani waa loollankii abtirsiinwadaagta Soomaalida oo kala ridanaya jagooyinka hoggaanka iyo maamulka dawladeed. Waxaa yeedhinaya wacyigii xoog-biirsiga ee ka dhashay hirdanka tolwadaagaha Soomaalida. Ururrada iyo xisbiyadu waa habarwacasho qabiil oo la isugu hiilinayo qabsashada madaxnimada sare ee qaranka.

Waxaa kale oo ay ku sal leedahay isla shakigii iyo istuhunkii joogtada ahaa ee reeraha dhexyaallay. Awoodda mansabku ma aha tu qaranku leeyahay oo dadka u dhex ah ee waxa leh marba qolada loogu abtiriyo ninka meesha ku magacaaban. Tolliimo ayaa codka lagu helaa oo lagu waayaa. Taas darteed, dhaqdhaqaaqa siyaasaddu waxa uu bulshada ku abuuraa kala-jab iyo isnac, halkii uu ku midayn lahaa han iyo himilo horumar ummadeed lagu gaadho. Wixii hebel waayo, Reer Hebel baa waayey; wixii la yeelana Reer Hebel baa la yeelay. Qofku codkiisa ma laha, waayo, Reer Hebel buu u codaynayaa oo mar kasta codkiisu u tirsan yahay. Xooggii qabiilka ayaa tirsan oo lagu noqon karaa madaxweyne, wasiir iyo martabo kasta, laguna waayayaa. Tii ahayd *"ama buur ahaw ama buur ku tiirsanow"* ayaa dhiskii qarannimo adeejisay; ka dibna qof muwaadin ah baa ku xukuman in aanu weligii dalka madax ka noqonnin, qolada loogu abtirinayo darteed. Wax kasta oo dastuur ku qoran iyo wax afka laga sheegaba, waxa beenisay runta lagu dhaqmayo. Muwaaddin xor oo codkiisa meeshii uu doono geyn karaa ma jiro. Sababtuna waa jiritaankiisaba magac qabiil baa la wareegay. Heerka la awood siiyey dhaqanka qabiilka, way adag tahay in qofna shaqo toos uga helo dawladda, iyada oo aanu wadan nufuud reertolkii ah.

Qaran waa heer ku xidhan isbeddelka korriinka bulsheed

Ugu dambayn, maxaa la yeelaa? Marka hore, hawraarteenna horyaalka ahi waxay tahay qabiilka abtirsiinwadaagta ah iyo qabiil kastaaba, ma aha lagama-gudbaan weligiiba jiraya ee waa qaab bulsheed dambeeya oo laga tegayo. Waxaa taas ka marag ah dadyowga dunida ee soo maray ee ka koray, isuna rogay ummado qaran ah.

Waxaa ku laba ah: qaran dhab ahi ku ma dhismi karo ku mana socon karo weligii unugyada abtirsiinta la wadaago oo hoos loogu sii qaybsamo jibsino iyo qiyamtooda hiilada tolliimo; waayo waxay qiyamtaasi horseedayaan eexo iyo caddaalad-darro; aakhirkana bulshadu way ku burburaysaa. Qarannimada waagani, runtii waxay ka unkantaa, markaa hore, muwaadiniin iyo kooxo bulsheed ay dano xalaal ahi isku xidhaan, iskuna raaca oo ku wada dhaqma qiyamta sinnaanta, caddaaladda iyo iskaashi walaalatinnimo. Waxay ku dhisantaa xurmaynta dadnimada guud. Halka qabiilka abtirsiinta wadaagaa kaga dhisan yahay tolliimada iyo hiilada "kan baa i abtirsiin xiga."

Tu saddexaadna aynu isla garanno ee qabiilku, marka uu yahay xusuusta magaca iyo abtirsiinta la wada sheeganayo, ma aha wax dhaqso u baxaya ama loo tirtiri karo. Mushkiladda se wax laga qaban karaa waa waxa la yidhaa qabyaaladda siyaasadeed, taas oo ka bilaabanta jidka saamiqaybsiga loo raacayo dhiska dawladeed ee ku biyoshubaya eexada, musuqa iyo caddaalad-darrada maamulka dawladeed.

Hoggaanka hiilo qabiil ku yimid, ayada ayuu u hoggaansan yahay, dadkana u ma sinnaan karo, qaranna ma dhisi karo. Weelba wixii lagu shubto ayuun baa ku jira oo laga la soo baxayaa; wax kalena laga ma fili karo. Siyaasiga Reer Hebel iyo suldaanka iyo caaqilka, magaca uun baa u kala duwan. Xuquuqda qofka – muwaadinka – muwaadin kasta iyo horumarka noloshuna ma damaqdo, waayo waa dhinac aan laga ga imanin oo aan dab kaga shidnayn.

Qabyaaladda siyaasadeed jid looga leexan karo ayaa jira. Waa noolaynta iyo tamargelinta wacyiga bulshada rayidka ah, dhiirrigelinta iyo xoojinta ururrada bulshadaas, kuwaas oo weelayn kara danaha qaybaha dadweynaha guud ahaan.

Lagama-maarmaanku, mar walba, waa hoggaan siyaasadeed oo leh han iyo hirasho qarannimo oo ku urursan mabda' iyo ulajeeddooyin, kuna xidhma muwaadinka iyo kooxaha bulshada rayidka ah. Runtii bulshadaas ayada ah, ayaa shaldhig u noqon karta hoggaan qaran; halkaas ayeyna ka iman kartaa taageerada xisbiyo qaran oo dhab ahi. Dadku qabaa'il iyo reero abtirsiin wadaaga oo keli ah ma aha ee qaabdhismeedyo bulsheedna way leeyihiin, in kasta oo wacyigeedii ka maqan yahay. Waxa ay leeyihiin qaybaha xooladhaqatada, beeralayda, ganacstada kala duwan, shaqaalaha muruqooda maala iyo kooxaha xirfadaha kala duwan leh iyo intii dano bulsheed oo gaar ahi ka dhaxayso ee kale. Baahidu waa hoggaan xisbiyeedyo dadka wejigaas u la xidhidhiidha oo aan ugu tegin magacyo abtirsiin qabiilo.

Ma la heli karaa hoggaankaas iyo sidee? Waxay i la tahay hoggaan ka kormara isir-raaca qabyaaladeed oo dadka magaca ummadeed ku wada matalaa waa lamahuraan. Haddii la waayo, qarannimo Somaliland iyo Soomaali kale, meella ka ma saldhigi doonto oo xididdo adag ma yeelan doonto. Way dumi oo qabyadeeda ayaa la daba ordi doonaa;

ama magaca qaran Soomaaliyeedba waa la waayi oo dhulka Soomaalidu degtaba dadyow kale ayaa qabsan doona.

Ma la heli karaa aqoonyahan iyo waxgarad bulsheed (ma odhanayo "hoggaandhaqameede") oo rumaysan qaayasoorrada qarannimo, sida dalka iyo muwaaddinka xorta ah, sharciga iyo caddaaladda loo siman yahay, xaqa jiritaanka iyo xorriyadda kelida qofeed, codka doorashada xorta ah ee xalaasha ah? Aqoonyahanno intaas ku darsaday sarriigasho iyo anshax wacan oo ummadda run ku la dhaqma, ayay qarannimo sugaysaa.

Waxay ku urursan tahay qabyaaladda waxaa lagaga guulaysan karo oo lagaga raysan karaa waa maamul dawladeed oo wanaagsan; kaasna waxaa u shardi ah in uu dadkiisa u la xidhiidho muwaadiniin ahaantooda iyo isahaantooda kooxo bulsheed. Siyaasiga qummani waa ka aan caaqil iyo suldaan u dabafadhiisannin taageerada uu dadkiisa ka rabo.

Ta mudnaanta hore lehi ma aha qabiilka; bal waa sidii loo tirtiri lahaa qabyaaladda. Waayo qabiilku waqti dheer buu sii jiitami oo xusuusta abtirsiinta ayaa weel u ah oo haynaysa; ugu dambaynta se waa uu suuli doonaa. Waxa u riiq dheereeyey waa dibudhaca dhaqan iyo dhaqaale, iyo siyaaasadda qabyaaladeed. Labadaas oo laga guulaysto iyo isbeddel horumar dhaqaale iyo bulsheed oo dhinac walba saameeya ayaa xididdada u siibi doona. Hoggaan qaran (ma aha hoggaan qabiil) oo hankeeda iyo himiladeeda leh ayay u baahan tahay. Sidaa darteed, lagamamaarmaanku, marka hore, waa in qabiilka laga saaro oo laga fogeeyo qarannimada. Marka labaadna, waa dhaqdhaqaaqa nolosha siyaasadeed, maamulka iyo garsoorka qaranka oo laga xoreeyo eexada qabyaaladeed iyo caddaalad-darrada ay dabada ku wadato. Haddii taas rabitaankeeda la i naga helo, qabyaaladda waa laga guulaysan doonaa. Haddii la waayo se burbur keli ah ka eeg.

2

Qaybta Labaad

Toogada Qaran

Waqti ku siman ilaa lix kun oo sannadood, baa lagu qiyaasaa in ay adduunka ka soo jirtay bulsho hannaan qaran u dhisani [12]. Kumannaan qarni oo ka horreeyey aadamigu waxa uu ku noolaa xaalad aan lahayn suldad dhexe iyo awood amarkeeda ku socodsiisa xoog ciidan habaysan oo joogtaysan iyo maamul cashuur habaysan qaada. Meelo gooni ah ayay ku soo hormartay in badan se goor dambe ayay awood qaran ku soo korodhay.

Dhulalkii u horreeyey ee qarannimo raadkeeda laga helay, waxaa ka mid ah Masar iyo dawladdii la odhan jiray Mesabotaamiya ee ka soo ifbaxday daaca hoose ee labada webi ee Dajla iyo Furaat (Ciraaqda hadda). Waxaa soo raaca Shiinaha iyo Hindiya oo ayaguna ka mid ah dhulka tirsanaya qarannimo dhawr kun oo sannadood ah oo ay ka jireen boqortooyo iyo weliba maamul biiroqraadiyadeed oo aad u gun ballaadhan. Dhulka maanta la isku yidhaa Shaam iyo galbeedka qaaradda Aasiya u shisheeya (hadda Turkiya), Giriiggii hore iyo Imbiraadooriyaddii Romaniya ayaa ayaguna ka mid ah dhulalkii qarannimo ay, casriyadii fogaa, ka hirgashay.

Tusaalayaasha daymada gaar ahaaneed mudani waxa ay tahay, dhammiba boqortooyooyinkaasi waxa ay ka yagleelmeen biyomareennada webiyada iyo dhulalka roobabku, sida aadka ah, u doojiyaan ee isla markaasna ah carrasanka ku wacan beerafalashada iyo qabatinka dhulka ee sahlaya degganaanshaha joogtada ah. Tacabsoosaarka

---

12 Farancis Fukuyama State building, Cornell University Press, 2004, P I

buuran ee dheeraadka keenay iyo degganaanshaha nolosha bulsheed, waxaa ku xiriiray heerka nolosha dhaqaale oo kor u kaca, tirada dadka dhulka ku nool oo kororta, iyo isweydaarsiga tacabka la soo saaro oo asaguna sii hormara iyo islafalgalka iyo wada-dhaqanka bulsheed oo sii ballaadha siina falkama. Isbeddellandan ayaa sal iyo ballaysin taariikheed u ahaa oo ugu dambayn, suurogeliyey in xukun dawladeed noqdo baahi joogto ah. Ha yeeshee ma ahayn arrin fudud iyo wax subax keli ah lagu soo toosay. Dhibaatooyin badan oo ay ka mid ahaayeen dagaallo dhiig iyo dharababa ku baxeen, baa ka horreeyey.

Qabqableyaal qabiil iyo budhcad is urursatay baa meelo badan isu rogay quwad hubaysan oo midkood ka badiyey kuwo kale. Waxa ay iskaga hor imanayeen baadda ay ka qaadaan tacbatada dhulka iyo xoogga waxsoosaarka dadka guud ahaan. Tusaale ahaan, dalka Masar, bulshada ku xoonsan cidhiidhiga jiinka webiga Niil, waxa ay sababtay hirdan iyo saraayo la isku hayo dhulka iyo biyaha waraabka beeraha ee webiga. Loollankaas ayay ka soo dhex baxday quwad inta kale ka xoog badisay oo markii dambe noqotay *Fircoonka* laga wada dambeeyo.

Markii tacabka qoyska beeralayda ahi ku koobnaa nolol maalmeedka qosykaas, isqabshada dadku ma badnayn; mararka ay dhacdana xallinteedu ma cuslayn oo madaxda qoysaska ayaa ku filnaa. Isbeddelkan ka dib, qabqablayaasha dagaal, waxa ay isku hirdiyeen xoolaha baadda ah ee ay dadka ka qaadaan. Waxaa timid xaalad xataa xoogga waxsoosaarka dadka laftiisa la qafaasho oo la addoonsado. Isla markii, badiba isbeddelka dawladnimo waxaa fududeeyey dadka dushooda lagu dirirayo ee ayaga iyo duunyadooda la isku hayo, ayaa xoojinayay quwadahaas midkood.

Sababuhu si kasta oo ay u kala duwanaayeenba, mar haddii xoogagga hirdamaya mid waliba baadayo, waxaa dadku door bideen in ay laba cadow ka guulaysta ama guulaysanaya xoojiyaan, una hoggaansamaan oo ay baadda siiyaan. Sidaas darteed, quwad mid ah baa meesha ku soo hadhay. Waxaa sidaas ku abuurmay wacaaleyaal suurogeliya in baaddii yeelato xad iyo waqti joogtaysan. Xoolihii dadka laga qaadayay ayaa hadda gacan qudh ah ku soo ururay oo lagu maalgeliyey ciidan habaysan oo joogto ah iyo maamul maalin walba shaqeeya. Sidaas ayay aakhirkii ku timid boqortooyo dhisan oo leh ciidan iyo xarun ay deggan tahay. Ha yeeshee waxa ay mar walba hoos tiil oo ku imanayay fallaago gudaheeda ah iyo duullaan debedda ka soo weerara. Sidaas ayay boqortooyooyin magacyo kala duwan lihi isaga daba imanayeen.

Waxaa ka duwan tusaalaha saxaraha Jasiiradda Carbeed. Ka hor risaaladdii Islaamka ee Alle Nabi Maxamed (csws) ku soo diray, bulsho hab dawladeed leh, bidhaanteedu aad ayay ugu yarayd. Carabta dhulkaas ku dhaqnayd waxa ahayd qabaa'il iyo cashiirooyin reerguuraa ah; taladooduna ma dhaafin hormood oday taliya oo tolkiisu ku xurmeeyo, qiyamta geesinnimada, aftahannimada iyo gobannimada oo keli ah; waayo ma lahayn xoog ciidan jabsan oo asaga kelidii u hoggaansan. Niskii dambe ee qarnigii lixaad ee Miilaadiga oo ku beegan dhalashadii iyo risaaladdii Nabi Maxamed (scws), labada magaalo ee Maka iyo Madiina waxa ay ahaayeen xarumo ganacsi oo kaalin door ah ka qaata nolosha qabaa'ilkii dhulkaas degganaa. Waxaa halkaa ka jirtay nolol dhaqaale oo ay bulshadu ugu kala soocnayd kooxo hodan ah iyo kuwo sabool ah iyo kuwo kale oo ah addoon la mulkiyey. Dhinac siyaasadeedna waxaa jiray niman qabiilkooda iyo cashiiradooda magac iyo nufuud ku leh oo laga dambeeyo. In kasta oo heerka dhaqaale bulsheed ee magaaladu u dhib mudnaa dhisme dawlad magaaleed, haddana ma iman taasi oo qabka qamaamuurta qabaa'ilka aan kala rayn karin, ayaa taas ku ahaa caqabad. Debedda labadan magaalo waxaa ka jiray qabaa'il badow ah oo ay dagaallada dhexdoodu badan yihiin. Sidaas darteed dawladihii iyo ibraadooriyadihii Furus iyo Ruumaaniya ee agtooda ka jiray, xiriirka ganacsina qabaa'ilkaas la lahaa, ku ma yeelan saamayn durugsan.

In dawladi ka abuuranto saxaraha Jasiiradda Carbeed saddex wacaalood baan filayaa in loo celin karo: 1) Ganacsigii labada safar ee Shaam iyo Yemen loo kala gooshayay ee abuuray xarumaha ganacsiga deggan ee labada magaalo ee Maka iyo Madiina, kaas oo keenay dhaqaale-koboc u baahday awood dhexe oo loollanka qabaa'ilka iyo budhcadda jidka saxaraha xakameeya; 2) caqiidada diinta Islaamka oo noqotay quwad ruuxi ah oo qabaa'ilka midaysay una yeeshay yool iyo si-arag gees u wada jeediya; 3) duullaannadii *(gasawaadkii)* ay muslimiintu ku qabsadeen dalal iyo dawlado adduunka kale ahaa, muslimiintii Carbeed waxa ay ka kasbatay dhaqan ilbaxnimo iyo aqoon maamul, waxaana ku soo hoyday xoolo aad u badan iyo xidhiidho dhaqaale oo hor leh. Intaas oo dhammi wax badan ayay ka beddeshay bulshadii badowiga Carabta.

Guud ahaanba, bulshada qarannimo waxa ay, qarniyo badan soo gudubtay qaabab iyo heerar taariikhda nolosha aadanaha raad aan go'in ku yeeshay. Dawladnimadii

kumannaanka sannadood ka hor ka unkantay meelo
adduunka ka mid ah, waxa ay noqotay yool loo wada socdo
iyo majare nololeed oo la wada raaco. Haddii aad maanta
eegto khariiidadda siyaasadeed ee dunida, ku ma arkaysid
meel far la saaro oo aan hoos imanaynin buruudka qaran
magac leh; goob kasta oo aad tagtaba qaran ka taliya ayaa
kugu xukumaya.

Tan iyo bilowgeedii, ilaa dawladda qarnigan kow iyo
labaatanaad ee ku dhisan dimoqraadiyadda iyo xorriyadda
muwaadinkeeda, weligeedba dawladi dhib iyo dheef ayay
labadaba lahayd. Dhiig badan ayay daadisay oo xasuuq iyo
dabargoyn ayay fashay; caddibaad jidhka iyo nafsi ah ayay
kumannaan dad ah ku samaysay. Jinsi faquuq iyo
midabtakoor "sharciysan" ayay lahayd oo ay qarniyo ku soo
dhaqantay. Isla markii nolosha dhinaceeda wacanna ayada
uun baa loo adeejiyey. Degganaasho uu qofku naftiisa,
hantidiisa iyo sharaftiisaba ku nabadgeli karo oo nabad ku
naalloon karo, in uu dugasado sharci guud iyo nidaam
garsoor oo loo siman yahay, intaba awood dawladeed baa
lagu helay; la'aanteedna la ma hawaysan kareen.

Awaalaha nabadeed iyo hanka ka dhashay jiritaanka qaran,
ayaa u jid banneeyey hormurka dhaqaale iyo bulsheed ee
dunida maanta ka jira. Meeshii uu ka jiro ee lagu dhaqmo
sharci ee laga helo hay'ado u taagan dejintiisa, hirgelintiisa
iyo ilaalintiisa, ayay dadku ku dhiirradaan waxqabadka,
tacbashada iyo kororsiga waxsoosaarka. Sharciga iyo
awoodda dawladeed baa abuurtay awaalaha suuro ka dhiga
in la fikiro, iyo in cilmibaadhista iyo horumarka farsamdu
helaan waqti la gesho iyo maal lagu bixiyo. Waayaha
nabadeed ee ka dhashay awoodda dawladda ayaa
fududeeyey horumarka ganacsiga u kala gooshay dhul kala

fogaa iyo wada xidhiidhka iyo islafalgalka dad aan is arki
jirin.

Tusaaleyaasha taariikhdu, meel kasta, xaqiiqadan ayay
muujinayaan. Khliaafadii Islaamka, casrigii Cabbaasiyiinta
ayay magalaada Baqdaad noqotay xarun ballaadhan oo ay
isugu yimaaddaan kuna wada nool yahiin dadyow ka
koobma carab, Faarisiyiin, Turkumaan, Afgaan Hindi iyo
dhammaan ummadahii uu ku fiday xukunka Khilaafada
Islaamku. Waxa ka dhashay horumar dhaqaale oo ku dhisan
sanco iyo ganacsi dhul kala durgsan isku xidhay. Isla
casrigaa ayay aqoonta culuunta diinta, luuqadda, falsafadda
iyo culuunta dabeecadda, xisaabta iyo handasadu soo
ifbaxeen oo si weyn kor u kaceen. Saamaynta ay culumadii
iyo fikirayaashii waagaasi ku yeesheen Yurubtii qarniyadii
dhexe ilaa maanta waa la xusaa. Horumarkaasi waxa uu
cuskaday horumarkii hannaanka dawladeed ee magaalada
Baqdaad ka hanaqaaday; haddii aanu jiri lahayna lama
hayeen maanta dhaxalka culuunta caqiidada, fiqiga,
taariikhda iyo culuunta kale ee casrigaas laga hayo.

Aqoonta cilmiyeed iyo fikirka falsafadda iyo horumarka
towraddii sancada ee ka hanaqaadday Yurubtii casrigii
horukaca iyo inftiinka aqoonta iyo ilaa heerka adduunku
waagan hadda ah marayo, waxaa sal u ah dawladda casriga
ah ee hadda jirta.
Runtii horumar dhaqaale, bulsho, aqoon cilmiyeed iyo
qiyamta dhaqanka dadnimada ku wacan, lama xaqiijin karo
la'aanta qaran dawladeed oo ku dhisan caddaalad iyo sharci
dhawraya xuquuqda dadka.

Qarannimaseegga Raacatada Soomaalida

Qarannimada dhawr kun oo sannadood soo taallay agagaarka dhulka qabiilada reerguuraaga Soomaalidu degto ee ay weliba xidhiidh dhaqaale iyo diineedba la yeesheen, maxaa ayaga ka baajiyey? Sidee baa aanay boqortooyooyinkii ka soo hanaqaaday Xabasha, Yaman iyo Masar ugu yeelan saamayn ku abuurta hankaas?

Jawaabtu waxa ay ku noqonaysaa degaanka dabeecadeed ee dhulka u badan qarfaha saxara-xigeenka ah ee roobku ku yar yahay iyo habka dhaqan iyo dhaqaale ee ka dhashay. In kasta oo se ay bulshada tolwadaagta reerguuraaga Soomaalidu, dhaqan ahaan, dawlad-la'aan ku noolayd, ka ma ay madhnayn talo iyo cid u talisa. Taas awgeed waxa aynu, ayadana isla eegaynaa hannaankii iyo jidraacii ay ku dhisnayd talada bulshadaas iyo awooddii fulinta go'aankeeda. Waxa aynu is weydiinaynaa ilaa xadka ay bulshadani taas kaga toogabaxday ee kaga maarantay hannaan iyo awood qaab qarannimo u habaysan. Waxa aynu si gaar ah isu dul taagaynaa isburisada dagaalka iyo nabadda oo ah baahida u daran ee ay qarannimo ku aaddo, iyo sida uu hannaanka talada kooxda Reer Hebelnimo ku maareeyey. Waxaa kale oo aynu, si dadban, meelo ka daymoonaynaa dhismaha qiyamta tolwadaagtaas xidhiidhisay ee u yeeshay ficil mid ah, dagaal iyo nabadba. Waxaa soo raaca oo aynu gadaal kaga hadli doonnaa awoodda dawlad meel kale kaga timid oo xukuntay sida ay u la falgashay dhaqankii tolwadaagta reerguuraaga.

Ugu horraynba, qabiilada tolwadaagta Soomaaliyeed, qarniyo badan, ayay ku noolayd oo ku dhaqantay maqnaanshaha awoodda dhexe oo ku dhisan xoog ciidan iyo habmaamul joogto ah oo ayada gudaheeda ka dhasha. In kasta oo qalqalaha coolaadeed dhexdooda badnaa, heerka noloshooda dhaqan iyo dhaqaale ma fududaynaynin habdhismeed talis hoggaankiisa lagu kala sarreeyo oo amarkiisa cid walba ku wada muquunin kara. Koox bulsheedda inta u badan, ammin walba isla falgashaa waxa ay ahayd qoyska kiisa kooban iyo kiisa ballaadhanba (extended family); marka xigana waxa ay ahayd jibsinta iyo kooxda magta wadaagta ee ku kulanta daaqa iyo ceelka iyo goobaha bulshaynta dhaqan ahaaneed. Waxa ay ahaayeen dad qof-qof iyo hebel iyo hebel isu yaqaan. Arrimaha taladooda wadareed soo geli karaana ka ma baxsanayn daaqa xoolaha, ceelka, dhaca iyo dhicinta xoolaha iyo dhibaatooyinka dilka iyo dhaawaca iyo waxii sharafta magaca meelkadhac ku ah iyo hanti la isku qabsado iwm. Waxaa soo raaca wada-dhaqankooda bulsheed ee xidhiidhka guurka, xididka, gacalka iyo xeerarka anshaxa ee ka dhasha. Inahaasna waxa ay u lahaayeen xeerar, qolo iyo qolo uga dhexeeya.

Arrimahaas qaarkood, markii dagaal laga maarmo, geedka garta ayaa la la tegi jiray oo waa meesha ay ka dhalanayeen xeerarka u dhexeeya jilibbada iyo jibsinaha isku degaanka iyo daaqa ah. Wixii ah arrin guud ah oo la soo dersana, shir ay odayaasha reerku ku kulmaan baa laga ga tashanayay oo lagu maaraynayey. Sidaa darteed, odayaasha ayaa ahaa hoggaanka taliya ee uu reerku lahaa. Waxa se isweydiin leh, mar haddii aanay jirin habmaamul rasmi ah iyo xoog habaysan oo joogto ahi, maxaa bulshadan fal mid ah u yeelayay?

Marka hore, bulshada kooxda isku qoloda ah, waxaa ku weynaa midnimada gudaheeda, waayo isahaashahooda bulsho siyaasadeed iyo quwadda gaashaandhiggooduba taas ayay ku jirtay; waxaa wacay midnimadoodu rukun ayay ahayd ka mid ah qaayasoorrada bulsheed ee kooxda isku qolada ahi wadaagto. Arrimaha dhab ahaan, mideeya ayay ka wada tashanayeen; talada ay ka wada gaadhaanna way la qaayo weynayd. Ma jirin qof meel kale ku xidhan oo u danaynaya ama la danaynsanayaa. Gees kalena, talada nin waliba wuu ka qaybgalayey, tiisana wuu ku darsanayey; go'aankuna heshiis buu ku dhammaanayey. Mana jirin gole iyo hay'ad joogta ah oo talada looga wada dambeeyaa ee shir buu ahaa ina-rag u siman; markii baahidu timaaddo ayuun baa intii isu iman kartaa kulmaysay ee ma ahayn shir leh ammin iyo meel la isla og yahay.

Martabadda siyaasadeed ee rasmiga ah ee ay yaqaanneen waxa ay ahayd ta *boqorka, suldaanka, garaadka, ugaaska, malaaqa, Imaamka (magacyadan degaanno kala duwan ayaa lagu kala adeegsadaa ee sidooda kale isla ujeeddo keli ah ayay tilmaamayaan)* iyo kuwa la midka ah. Ayagana awooddoodu badiba waxa ay ahayd shirqabashada iyo guddoominta go'aanka shirku isku raaco. Biliga iyo haybadda gobannimo ee qoladiisa ayuu siday ninkan magaca la huwiyey oo laguna xurmaynayey; dheeraad kale se ma lahayn. Dhab ahaanna, qabiillada abtirsiinwadaagta xoolaraacatada Soomaalida, jagadani waa ta keli ah ee lahayd hannaan iyo habdhaqan ay ku dhisanto oo ay ku hawlgasho.

Taas waxa aynu ka dheehan karnaa habka boqridda ninka la caleemasaarayo iyo awooddiisa, caaleemasaarka ka dib. Si kasta oo kale ha ku kala duwanaadaan ee qoys ama qolo cayiman baa laga la soo baxayay ninka la boqrayo; jilibbada reerkuna hawsha, cayimintiisa iyo caleemasaarkiisa waa ay u dhammaan jireen; hab loo raaco iyo qaab loogu dabbaaldegona wuu lahaa. Waxa uu ahaa nin si buuxda la isu gu raacay. Qabaa'ilka qaar, lafta u badan ayuu ka imanayey, qaarna qolada ugu yar. Hayeeshee dadka dusha laga ga ma keenaynin ee nin lagu heshiiyo buu ahaa. Si simanna waa loo xoolasiin jiray oo xayndaab ayay ahayd ka jira in uu cid gaar ugu hamrado. Xeerna wuu lahaa milgaha jagadu, oo nin magacaas la huwiyey leexasho iyo in uu dhinac u ciiro, mid ka caaggan ayay ahayd. Awoodda uu ku fadhiyaa waxa ay ahayd sinnaanta tolka oo uu u hoggaansamo; sidaa darteed deyr adag baa ka xigay talo uu maroorsado iyo amarkutaaglayn. Waa murtida uu u duurxulayo ee tebinayo gabaygii Saahid Qamaan ee caanka noqday[13].

Hannaaninta jagada boqornimo isku heer laga ma ahayn. Qabiilka Ciisaha ayaa heer aad u durugsan ka gaadhay habyeelaynta dhismaha talada qabiilka, una dejiyey xeer aanay gaadhin qabaa'ilka kale ee ay dhaqan iyo dhaqaaleba isku midka ahaayeen ama isku dhawaayeen. Sidaas darteed baynu halkan gaar ugu hakanaynaa hannaanka dhismaha ugaasnimada Ciise.

Sida uu muujinayo buugga Cabdalle Xaaji Cismaan Ceeleeye ee la dhaho *Xeer Dhaqameed*, xeerka Ciisyuhu waa teed isu dhammaystiran oo laga jiray goldaloolo iyo dhimaal la isku mergan karo. Waxaa lagu hubiyey in aan ninkii doonaaba isa soo boqri karin ama xataa isu soo taagi karin jagada. Ugaaska asaga oo aan war hayn baa la qabtaa; waxaana qabta 144 oday oo ka socda 12-ka aqal ee Ciise, kuwaas oo u sii kala baxa 100 Guddi ah iyo 44 Gande Ugaas la yidhaahdo. Ninka ay isku raacaan buu arrinku ku go'ayaa oo looga ma daba iman karo. Muddo, ugu yaraan, afar

---

[13] Rashiid, Ismaaciil iyo Axmed, Suugaanta Colaadda iyo Nabadda, 2009, bb 64, 65

bilood ah ayay u fadhiistaan qabashada Ugaaska. Waxaa si joogta ah looga doonaa oo laga la soo baxaa qolo cayiman oo Ciise ka mid ah (Wardiiq oo Reer Xasan ka sii ah). Shuruudda iyo sifaalaha u mudan ee laga eegayo ninka Ugaas loo caleemasaarayo waxaa ka mid ah in da'diisu yar tahay; in aanu 'dhagar gelin, duullaanna ka qayb qaadan'; in aan xoolo boojimo ahi (booli ah) xeradiisa gelin, afkiisana xaaraani gelin[14]. Xoolaha qabashada Ugaaska iyo caleemasaarkiisa iyo xoolaha hantidiisa noqonayaba, waxaa laga soo ururiyaa Ciise dhammaantiis.

Inahaasi oo dhammi, waxa ay i na tusayaan qaayasoorrada xeerka adag ee lagu deyray ugaasnimada iyo shakhsiyadda ninka Ugaaska laga dhigayo. Ta ku saabsan awoodda Ugaaska, waxa uu Cabdalle Xaaji Cismaan Ceeleeye xusayaa dhegaley (qodob) xeerka Ugaaska ku jirta oo tidhaa: "Ugaasku wuu gudoomiyaa ee ma gooyo" iyo "Ugaasku wuu duceeyaa." Talada Ciisaha waxaa haya oo ay ka go'daa odayaasha Gandaha; Ugaaskuna go'aankooda ayuu guddoomiyaa oo ku duceeyaa[15].

Xeerka Ciise, wuu ka duwan yahay xeerarka reeraha kale ee ay isku dhaqan iyo dhaqaale yihiin ama isku dhow yihiin, waayo ma aha heshiis laba jibsinood gooni u wada galaan; bal waa xeer qabiilka Ciise dhaammaantii, ku wada jiro oo ilaa wixii laba qof kala gaadha loo dejiyey. Waa xeer Ciise dhexdiisa, qof kasta oo Ciise ah qabta oo dhibaato kasta ka daba tegaya; sidaas darteedna, jirinaya nabadda Ciise dhexdiisa. Heer aad u durgsan oo aanay qolyaha la faca ahi

[14] Rashiid Sheekh Cabdillaahi , Kani Ma Aha Odaygii Reeraha Lagu Yaqaannay, EREYSAN, ereysan.blogspot.co.uk, 30 Ogosto, 2017
[15] Cabdalle Xaaji Cismaan Ceeleeye, Xeer-Dhaqmeed, Xeer Ciise, bb 143, 144, 145, 146, Jabuuti, 2010

hawaysanin buu ka yool gaadhay sugidda nabadda guud iyo gaar ee Ciise iyo dhawridda milgaha iyo hantida qof kasta oo Ciise ah. Waxaa ilaa heer, la malayn karaa in qabiilka Ciise, intii aan quwado shisheeye debedda kaga imanin, uu lahaa iskufillaansho siyaasadeed oo ku dhisan hannaan talis xejiya nabadda Ciise gudihiisa. In kasta oo aan hannaankaas lagu sheegi karin dhisme dawladeed, waxa lagu tilmaami karaa jaranjaradii loogu gudbi lahaa dawladnimo. Xoogga dawladaha shisheeye ee dhulka Ciise qabsaday ayaa jidgooyo ku noqday geeddisocodkii korriinka siyaasadeed ee Ciise.

Tusaalaha Ciise, in kasta oo uu higsigiisa leeyahay, cabbir looga ma dhigi karo dhismaha bulsho-siyaasadeed ee tolwadaagta aynu ka hadlayno guud ahaantood; sidaas darteed, aynu hadda, halkaas kaga hadhno oo u soo noqonno dhinacyada kale ee ku saabsan kaalingudashada tolwadaagta xooladhaqatada reerguuraaga Soomaaliyeed.

Hoggaanka Odayga
Maxay ahayd awoodda odayaashu lahaayeen ee loogu hoggaansamayey? Waxa ay yidhaahdeen: *"arrin nabadeed waa la rogrogaa, arrin dagaalna nin baa loo dayaa"*. Arrimaha reerka waa la rogrogayay oo jilibbada iyo jibsinahana waa la tixgelinayey; waayo go'aanku mar kasta, ku loo dhan yahay (consensus) buu ahaa. Wax aan la isku raacini, magaca tolka, ku ma soconaynin. Waa waxa la dhaho dimoqraadiyadda tooska ah. Ha yeeshee, mar haddii la la' yahay awood u dhex ah oo xoog ku socodsiin karta, go'aanka, sidee loo wada raacayay ee lagu wada hirgelinayay?
Midda hore, waxaa kaalin mudan ah lahaa loollanka reeraha u dhexeeya. Qolo waliba qolada kale ayay barbarkeeda is dhigaysay; sidaas darteed go'aanka la wada raacaa waxa uu

xoojinayay iskuduubnida tolka. Qoloba qoloda kale ayay wax badan tusaysay. Midnimada cududdeeda dagaal iyo taladeeda midka ahi gobannimadeeda gees walba ah, ayay muujinaysay. Talo la'aani ma ahayn magacxumo keli ah, ee waxa kale oo ay ku ahayd cadowga oo loo jabo iyo nacabka oo ku wiirsadaba. Sidaas darteed, waxa ay taasi ahayd xaalad ku riixaysa in talada odayada la wada raaco.

Midda labaad, odayaashu waxa ay lahaayeen xurmo loogu hoggaansamo; waxa ayna taasi ku fadhiday sida odayaashuna ugu hoggaansan yihiin danta tolka ay hogorka u yihiin. Odaynimadu ma ahayn mansab rasmi ah; xoolo la siiyana odaygu ku ma noqonayn oday; bal dhaqaale ahaan, odayeynta asaga ayaa wax ku la'aa oo dantiisa ku seegi jiray. Nin mar kasta ku maqan arrimaha tolka dhexdiisa iyo xallinta dhibaatooyinka reeraha dhexyimaadda, waxa la odhan jiray danlaawe oo tiisa ayaa kaga lumi jirtay.

Tu saddexaadna, dhegeysi iyo dhadhansiba dadku wuu lahaa oo qiyamta xeerka isqaadashada, qiraalka wixii la is dheer yahay iyo odhashada eryega toolmooniba saamayn ayay lahaayeen. Tusaale ahaan, sida aynu hore u nidhi, go'aanku dood laga wada qaybgalo ama u furan, ayuu ka dhalanayey; ha yeeshee isku awood lagu ma ahayn oo waa la kala erey cuslaa, ama waa la kala odhan ogaa; da'da, maalka iyo martabadda diineedna waa lagu sii kala lahaa. Ninkii isku darsada waaya-aragnimada da'da, gabayaannimo ama aftahannimo kaleba ee abwaan ah, Allena ka cabsada ee lagu yaqaan, ereygiisu culays dheeraad ah buu yeelanayey; si weyna waa loo dhegeysanayey. Bal inta badan, ninkaas oo kale, meel fog baa laga dooni jirey, shirkana – intii suurogal ah – waa la la sugi jirey. Deeqsiga iyo geesiguna nufuuddooda way lahaayeen, waayo kaalin

culus ayay ku aaddanaayeen oo bulshadooda magac ayay
ku lahaayeen. Sidaas darteed ereygooda waa la qaayasiin
jiray. Ha se yeeshee, ninnaba ma lahayn awood iyo suldad
dheeraad ah oo tiisa oo keli ah lagu raaco.

Wadaadku talada reerka kaga ma qaybgeli jirin
wadaadnimo; wixii aan ahayn arrin dagaal ayuu se xubin
ahaantiisa kaga qaybgeli jiray. Kaalinta se ducada ayaa mar
walba u gaar ahayd. Ayada oo kooban, bulshada
tolwadaagtu waxa ay ahayd isutag ku midaysan danaheeda
dhaqaale, bulsheed iyo nabadgelyo ee midka ah. Taas baa
fududaynaysay wadatashigooda iyo israacooda. Haddii qof
ka mid ahi, talada la isku raacay, dantiisa ka arki waayo,
gooni u ma goosan karaynin oo ta uu ku waayayo ayaa ka
weynayd.

Haddii laga ag dayo, awoodda dawladeed ee hagaagsani,
ugu yaraan waxa ay ilaalisaa oo lagu aaminaa nabadgelyada
nafta, xorriyadda iyo hantida maalka. Saddexdaba talada
odayada iyo cududda gaashaanqaadka qabiilo ayaa hub iyo
hogor u ahaa. Qof waliba labadaas buu naf iyo maalba ku
hallayn jiray; ayada ayuu gob ku ahaa oo magac iyo milge
ku lahaa. Ha yeeshee, isla ayadaas baa lagu kala bursanayay
oo nin aan reer adag ka dhalan, waa la gumaadayay ama
waa la gumaynayay oo magac aanu lahayn baa lagu rarayey.

Hannaanka talada odayaashu colaadda iyo dhacdada
dagaalka ma baajinaynin oo ma lahayn awood xoog wax ku
qabata; waxqabadkoodu runtii, ka-dabatag buu u badnaa;
weliba marka la isla daalo ee nabadda loo xiiso ayay shir
nabadeed adeejinayeen. Taas awgeed, hoggaanka odayadu
ma ahayn awood lagaga maarmo quwad dawladeed.

Isutag Dagaal

Habdhismeedka arriminta iyo talada waxaa raacay oo ay tolwadaagta raacatadu ahayd isutag dagaal. Si la mid ah ta talada, nin kasta oo gaanshaanqaad ahi dagaalyahan buu ahaa. Ma jrin ciidan dagaalujooga ah oo goobfadhi ahaa; ee marka duullaan la qaadayo ama qayladhaantu soo yeedho ayuu nin waliba soo dhaqaaqayay oo la isu soo ururayey. Jilibbo ama Jibsinno ayay u soo safanyeen oo u wada dagaalgelayeen. Nin waliba waxa uu la imanayay oo uu ku dagaalgelayay hubkiisa iyo faraskiisa (kii aan lahayni lugtiisa); mana jirin wax weyn oo la isku darsadaa, sidaa darteed, goobta dagaalka, habaqlayntu way ku badnayd. Ha se ahaato ee way u ogaal-qabeen lagama-maarmaanka hoggaaminta; sidaas darteed, waxaa jiray abbaanduulayaal kaalintaas lahaa. Goob-goobaysi buu u badnaa dagaalkoodu, in kasta oo si daran iyo dabargoyna uu marar noqon jiray ama ku dhawaan jiray; se ugu dambayn talada odayga iyo nabadayn buu ku dhammaanayey.

Geela iyo Habdhismeedka Dawladeed

Taariikhda dhalashada iyo korriinka qaran, waxa uu tilmaamayaa mudnaashaha wacaasha hantida dhulka beeraha iyo ganacsiga oo sal u ahaa qarannimada ka hirgashay dunida. Dhulku waa hanti maguurto ah oo aan meesheeda ka dhaqaaqaynin; isqabashada ka timaaddaana waa ta keentay xeer iyo awood habaysan oo joogto u mayalqabata.

Xaaladda xooladhaqatada reerguuraagu way ka duwan tahay. Tusaaleheeda Soomaalida, hantida qofku, gaar ahaan, ninku waxa ay ahayd xoolaha nool, wixii xeradiisa ku jira ee aan cid kale la sheegananin. Xoolaha dhac iyo duullaan dagaal lagu helo, wixii uu nin waliba qayb u helo ee xeradiisa sidaa ku soo galaa, hantidiisa ayuu noqonayey. Curfiga dhaqanku jideeyey ayay ahayd oo ay ku dhisnayd. Adduunka, wacaalaha qarannimada keenay waxaa u mudan mushkiladda hantida khayraadka kooban iyo loollanka ka dhasha. Malaha se ku ma jirto hantida geela dhulka ballaadan ee qarfaha ah saqaafayaa.

Hantida xooluhu, siiba geelu, in kasta oo la kala sheeganayey, jibsinta mag-wadaagta ah wuu ka dhexeeyey; ninka lehina sidii uu doono ugu ma wada tasarrufi karayn, waayo, si kale ayaa loo la lahaa oo magta iyo dhicintiisuba tolka way ka dhaxaysay. Tusaale ahaan, ninkii la arko in uu geeliisa dayacayo ama sayladda iibka marba ku sii wado ee uu xeradiisa tirayo waa laga qaban jiray. Waxa ay odhan jireen *geelu waa tollay* iyo *waa geelii Reer-Hebel*. Gees kalena, hantida geelu ma lahayn xalaal iyo xaaraan. Dhac, tuugo iyo baadi, dhaxal, yarad, ganac, sidii uu ku soo xeragalaba, waa lagu qaadanayay oo dhalleeco ma lahayn. Dhaciisa ayaa badnaa; kelina lagu ma gelaynin ee col tolliimo ku wada socda ayaa dhacayay oo dhicinayey. Xereysigiisa iyo haysashadiisa ayaa wax walba ka qaayo weynaa; sareedada noloshu, sida ay u arkayeen, asaga ayay ahayd; siliceeduna la'aantiisa ayay ahayd. Intaas oo dhan dartood, way muuqaataa oo si-aragga geela laga qabay, wuu ka horjeedaa habdhismeed qarannimo.

Guud ahaan ba, marka ay tahay baahi dawladeed, waxa la odhan karaa, bulshadan aynu tilmaanta ka bixinay, habdhismeed qaran meel ku ma laha, ama waxba uga ma baahna. Waayo sideedaba, baahi aan dareenkeed la qabini, ka ma duwana wax aan jirin. Male waa lagu odhan karaa awood dawlad dhexe dadku waa ay kaga raysan lahaayeen dhiig iyo dhacba, tii uu Thomas Hobes sheegay oo runtii ku badnayd tolwadaagaha xoolaraacatada Soomaalida

dhexdooda; ha yeeshee u ma ay suuragalaynin dhawr
wacaalood dartood.

Midda hore, waxa ay ahaayeen dad ku jira geeddi iyo
galabcarrow joogto ah (waa sidii ay odhan jireene).
Dhulka qarfaha ah ee daaqa iyo biyaha la daba socdaa, ma sahlayo
xarun dawladnimo saldhigato. Xataa goobo ganacsi oo
xilliile ahi, dhif ayay ku ahaayeen bulshada reerguuraaga
Soomaaliyeed. Ganacsigoodu sannadkiiba hal mar iyo safar
dheer buu ahaa. Dhulka ka sokow, dhaqashada geela iyo
geeljirayntuna, sida aynu kor ku xusnay, jiritaanka
qarannimo waa ku lid iyo buriso, waayo
reerguuraannimada u darani waa ta geelijirnimada. In ay
debedda iyo dusha kaga timaaddo mooyiye, Geeljire
habdhismeed dawladeed laga ma sugi karo.

Midda labaad, hannaan dawladeed waxa uu u baahan yahay
oo aan la'aantii la helaynin ciidan joogto ah oo habaysan
(regular army) iyo maamul-xafiiseed (bureaucracy) maalin
walba shaqaynaya. Taasna lagamamaarmaankeedu waa
maal aan gudhaynin. Dad isu wada shisheeye ah oo qolo
waliba iskeed hoos isu cajabiso, xoolo ay kala dhacaan ma
ahee, isku-darsi ma ahayn wax laga filo. Dheeraad la
hungureeyo oo la isugu dawladeeyaana ma jirin. Markooda
horeba, waxa ay ku dirirayeen ee ay kala dhacayeen, waxa
uu ahaa wax lagu caydhoobayo.

Tu saddexaadna, isahaanta iyo kudhaadashada magaca
Reer Hebel ayaan la isugu hoggaansamaynin oo kala
kaxanaysay. Mar haddii dhaadashadu meesha taallo, nin
Reer Hebel ahi nin qolo kale ah ka ma amar qaadanayo. Reer
Hebel, Reer Hebel u ma taliyaan; si xun bayna taasi ugu
dhadhantaa oo haddii ay dhacdo, waa wax khasab la isku

yeelsiiyey. *'Nin Reer hebel ah baa nin Reer hebel ah ku dirqiyi kara sidaas yeel ama ha yeelin,'* dhaqanka tolwadaagta reerguuraaga ah, waa dhegxumo geerida laga xigo. Waxa qudh ah oo ay taasi ka socon kartaa ciidan iyo maamul guud oo ku dhisan hannaan aanu xidhiidh abtirsiimo reerhebelnimo sina uga muuqan. Ciidanka iyo maamulka sidaa u dhisan baa qofka ku abuuri kara dareenka hay'adda iyo jaranjarada lagu kala sarreeyo iyo sharci loo siman yahay. Dareenka se reerhebelnimo, haddii la kiciyo, ma hoggaansamayo. Xataa haddii xilliyada qaar dani yeelsiiso, maalintiisa ayuu sugayaa. Reeraha dhexdooda, ku kasta oo ka soo dhex baxaa, kuwana waa u sokeeye oo xoog ayay isku bidi; kuwo kalena waa u shisheeye oo cadow ayay u arki, kana dhigan. Haddii dani muquuniso oo ay madaxa hoos u rogaan, maalinta uu itaalgabo ayay aargoosanayaan. Wax badan baa taas dunida looga soo joogay. Ibn Khaldoon baa wax badan ka warramay. Taariikhdan dhow ee Soomaalida, ayaa ayaduna ka marag ah.

Ayada oo intaasiba jirto, waxa aynu odhan karnaa, in kasta oo aanay dareensanayn, way u baahnaayeen awood dawladeed oo dhexdooda ka hanaqaada, ha yeeshee, waayahii dhaqan iyo dhaqaale ee aynu tilmaanta kooban ka bixinnay, ma suurogelinaynin dawladnimo ayaga ka timaadda, mid debedda ka soo duusha mooyiye.

Sillansudanta Colaadda iyo Nabadda
Aynu hoos u sii dhuganno heerka isuqolada reerguuraagaasi ay xaslatay sugidda nabdgelyada nolosha, xorriyada iyo hantida.

Dhaqanka abtirsiinwadaagta reerguuraaga Soomaalidu waxa uu muujinayaa qaayaha mudanka ahaa ee ay bulshadu u lahayd nabadda. Dhaxalka hawraaraha murtiyeed, maahmaah, maanso iyo odhaaho halhays noqdayba, inta laga hayaa, runtaas ayada ah ayay sugaysaa. Noloshoodu waxa ay cuskanayd dhaqashada xoolaha, cad iyo caanaba; waana la malayn karaa meesha ay taasi kaga taallo qiyamtooda bulsheed. Tusaale ahaan, caanaha waxa ay ku ladheen nabadda oo waxa ay dhaheen: *"caano iyo nabad ama nabad iyo caano; nabad baa caano macaan."* Xaddiga dhaxalkooda maanseed ee nabadda iyo colaadda ku saabsanina aad buu u badan yahay.

Ha yeeshee xoogga iyo falaadkiisa dagaalka ayaa ahaa tubta iyo farsamada koowaad ee ay ku raadiyaan nabadda. Inta aanu dagaalku noqonin dhacdo dhiig la daadiyo, waxa uu ahaa cududda xoogga dagaalka oo la is tusayo. Faraha ragga gaashaanqaadka ah iyo dagaalyahannimada ay laba qabiil isu ogaal hayaan ayay isku tixgelinayeen oo nabaddoodu ku xidhnayd. Xoogga dagaal ee qolo leedahay mar difaaca nabadgelyadeeda ayuu ahaa, marna waxa lagu tameddiyo ee nabad lagu la qaato ayuu ahaa. Marka dhiilladiisu timaaddo ee dagaalku dhacana, asaga ayaa nabadda lagu keenayay oo ama waa la kala durkayay ama waa la kala guranayey. Heshiis iyo la'aantiina, istixgelinta ka dhalata ayaa nabaddu ku saldhigaysay. Xaaladda colaadeed se, si buuxda dhexdooda u ma wada libdhaynin; waayo nabaddu waxa ay mar walba ku tiirsanayd xoogga dagaal ee isu muuqda iyo geesinnimada iyo dagaalyahannimada ay qoloba qolada kale tusayso. Xoogga dagaal ee la isu gu dhoollatusanayo dartood, qolo walba waxaa ku weynaa oo ay ku halaanhashay ha laga idinka cabsado; ka ma se fikirayn in ay nabadda sideeda u ilaaliso. Hawraartoodu waa *"reer hebel baannu nahay oo waa na laga cabsadaa ee annagu cidna ka ma cabsanno."* Marka teeda colaadeed iyo nabadeed la is barbar dhigo, suugaantii bulshadaas, baaqeeda u badani waa colaad iyo dagaal. Gabyaagii Reer Hebel, xataa marka uu nabadda ka gabyayo, dagaalyahan buu ku ahaa gabaygiisa; waayo gabayaannimada lafteeda waa la isugu faani jiray.

Xagga taranta wadadhalashadana waa lagu kala badanayaa oo ayadu mar kasta ma keenayso cududo is le'eg. Sidaas darteed badiba tirayartu way is gaashaanbuuraysanaysay oo waxa ay ku heshiinaysay xeer ay mag iyo dirirba isku tolliimaysato. Isudhiganka cududda dagaal ayay ku fadhiday haynta nabaddu oo ayna uga dan lahaayeen.

Xoogga dagaal ee la isu biirsanayo iyo dagaalujoogga la yahay intee nabad lagu hayn karaa? Halkan ayay ku jiraan labada isa seeggan ee la isu adeejinayaa. Dagaalka tolwadaagaha koox-bulsheedda reerguuraaga ahi, nabad buu ku dhammaanayey; in la is tixgeliyo oo ilaa xad la kala dhawrsadana waa lagu keeni jiray; nabad sal adag oo raagta se looga ma aayeynin. Colaaddooda iyo nabadayntoodu way soo noqnoqod badnayd. Inta badan dhacdo yar oo laba keli ah kala gaadhay ayay saraayo ba'ani ka unkamaysay.

Xorriyad iyo La'aanteed
Tanina waa sillan-sugan kale. Nin baa soo ag maray niman isku qolo ah oo geed hadhkii ku sheekaysanaya; hadal buu ku tuuray oo hore ayuu u sii dhaafay. Inta aanay hadal kale ka daba tuurin, ayaga ayaa isla hadlay oo waxa ay is weydiiyeen; *'waar ninku waa qoloma?'* Ma ay odhan *'ninku waa kuma iyo muxuu u jeedaa?'* Ninku u ma muuqdo; keli u ma jiro; waxa jira ee ay raadinayaan waa qoladiisa, waayo qolada ayaa xeerjoojin iyo xaalmarinba leh. Wacyiga ama garaadka tolwadaagta xooladhaqatada reerguuraaga

Soomaalidu ma yaqaan keli qofeed oo goonideed xilqaad ah. Qofku, gaar ahaan ninku, ma laha jiritaan reer tolkii debedda ka ah oo ka madaxbannaan. Waxii uu dhaho iyo waxii uu falaba reer tolkii baa loo ceshaa. Wax kasta oo uu geysto tolkii baa loo aaneeyaa oo uu asaguna u aanoobaa oo waaba loo dilaa.

Halkanna labadii isburiso ayaa ku kulansan. Mar jiritaankiisa qof ahaaneed waa la tiray oo reer tolkii buu ku tirmay. Waxa ayna taasi u suurogelisay in uu tii uu doonaba fali karo; illeyn asaga, qof ahaan, wax loo raacayaa ma jiree. Weliba, marka uu isku halleeyo faraha reertolkii, way muuqataa in aanu soo waabanaynin oo uu si kastaba u gabboodfalayo. Sheeko hiddoodda reeraha ee ku saabsan nin is biday aad ayay u badan yihiin. Qolo waliba sheekadeeda nafta ayay ku hafartaa oo way ku faantaa wixii Hebelkoodu dad ku falay, u mana aragto gardarro iyo fal dhagareed. Ha yeeshee, geesta kalena, ninkani ma laha shakhsiyad qof ahaaneed oo tiisa u xor noqda; waayo masuuliyaddii falkiisa ayaa laga kor qaaday oo reer tolkii loo nisbeeyey. Falku haddii aan masuuliyadi raacin, xornimo ku ma sal yeelan karo. Mar haddii aan loo raaacaynin falkiisa iyo waxa ka yimaadda, ka ma duwana dhaqdhaqaaqa xayawaanka. Neefka xoolaha ah ee daaqay beer nin leeyahay la ma weydiiyo khasaaraha uu geystay ee lahaagiisa ayaa loo raacaa. *"Ninyahow lo'daada beerta deriskaaga ka cesho"* iyo *"hebelkiinna gardarroonaya ceshada"* labadaba waa la yidhaa; waayo waxba ku ma kala duwana.

Waxa aynu ku soo ururin karnaa: nolosha, hantida iyo xorriyadda intaba waxa leh wadarta isku qolada ah ee ay tolliimadu isku xidhay. Ninku waa Reer Hebel. Nolol, meeqaan iyo sharaf iyo maalba waa ku Reer Hebel; jiritaan ka baxsanna ma laha mana yeelan karo. Halkanna dhaqanka reerguuraaga Soomaalida waa ay isa seeggan yihiin dhismaha qarannimada.

3

Qaybta Saddexaad

Raad Hore – Debed iyo Gudaba

Aynu hadda dib u eegno raadka ay dawladnimo hore ugu lahayd dhulka Soomaaliyeed iyo maragkaceeda ku saabsan isburinta aynu nidhi waxay dhex taal dhismaha qarannimo iyo dhaqanka qabiillada abtirsiinta wadaagta, kaas oo aynu ku tilmaannay dhaqan dawlad-la'aaneed. Waa run oo marka taariikhda dib loo raaco, dhulka Soomaalidu degtaa, weligiiba ma ahayn dawlad-la'aan. Inta la hubo laga bilaabo qarnigii saddex iyo tobnaad ee miilaadiga, dawlad-magaaleedyo ayaa ka jiray xeebaha dhulka Soomaalida; gudahana sidaas oo kale dawlado ka abuurmay baa jiray. Weydiinteennu, markan waxay tahay, maxay dawladahaas isu ahaayeen abtirsiinwadaagta Soomaalida? Waxaynu si gaar ah u eegaynaa dhismaha dhaqaaleed, bulsheed, dhaqan iyo siyaasadeed ee dawladahan iyo ilaa inta ay qabiillada abtirsiinwadaagta isa saameeyeen. Waxyaalaha hadda ka hor laga qoray dawlad magaaleeyadii xeebaha dhulka Soomaalida ka jiray, waxay isku raacsan yahiin in ay ka abuurmeen xarumo ganacsi ay waqti qarniyo badan laga joogo, abyeen ganacsato Carab iyo Faarisiin ahaa[16].

Giddiba magaalooyinkaas iyo dawladihii ka abuurmay, waxaa la siiyaa oo la isku raacsan yahay magaca Soomaaliyeed. Amminkan la joogo magaca Soomaali dhulka iyo dhaqanka dadka ayaa la yidhaa. Ayada oo sidaas ah, haddana waagoodii dawladahaasi ma lahayn magacaas asaga ah. Dhammiba qoraallada ka hadlaya dawladahaas waxa ay xusayaan magacyada, tusaale ahaan, Ifat, Awdal, Saylac, Muqdisho, Marka, Baraawa iyo Ajuuraan ama

---

[16] David D. Laitin and Said S. Samatar, Somalia – A Nation in Search of a State, 1987, p. 10

Ujuuraan. Qabaa'ilka qarniyadaas dhulka degganaa ayaguna, waxay isu yaqaanneen magacyadooda qabiil. Saldanaddii Ifat oo ay ka tirsanaayeen Awdal iyo magaalada Saylac, oo sida la rumaysan yahay, qarniyadii 13aad ilaa 16aad, awood ku lahayd woqooyiga iyo galbeedka dhulka Soomaalida iyo ilaa qaybo ka mid ah dhulka Oromada iyo magaalada Harar (hadda Itoobiya), waxaa lagu raacay ma ahayn qiiro Soomaalinnimo ku lug leh ee waxaa jiray, marka hore, laba wacaalood oo kala ahaa caqiidada diinta Islaamka iyo weerarrada Xabashida (gaalada) ee galbeedka kaga imanayey, taas oo ay dawladdani gaashaanka u dhigtay. Tu kalena, Carabnimadu waxay dadka Soomaalida ku lahayd soojiidasho ruuxi ah oo haybad gaar ah siisa Carabta, waana loogu hoggaansamayey. Sidaas darteed, run iyo been mid ay noqotaba, qoladii magaceedu ahaa Walashma ee saldanadda Ifad xukumayey, waxay sheeganayeen isir Carbeed[17]. Waxaa raaca magaalooyinkaas oo ku yaallay xeebaha Soomaalidu, waxay ahaayeen xarumo ganacsi oo wax badan ku soo kordhiyey noloshii dhaqaale ee bulshada abtirsiinwadaagta xooladhaqatada Soomaaliyeed.

Dagaalladii dhex maray dawladda Ifat iyo Xabasha, qabiilooyinka Soomaalidu qayb ayay ka ahaayeen. Sida raadadka la hayaa xusayaanna magaca Soomaali waxaa uu, markii u horraysay, qoraal ahaan uga muuqday heesihii Xabashida ee guulkufaanka ahaa, ka dib dagaalkii lagu jebiyey ciidamadii Muslinka, laguna dilay xaakinkii Dawladdii Ifat, Sacaadu-diin, horraantii qarnigii 15aad[18].

Sidaas oo kale, qarnigii 16aad, ciidamadii Imaam Axmed Ibn Ibraahiin Al-Ghazi (Axmed Gurey, sida ay Soomaalidu

---

[17] I. M. Lewis, A Modern History of Somali, Ohio University Press, 2002; P 25
[18] David D. Laitin and Said S. Samatar, Somalia – A Nation in Search of a State, 1987, p. 11

tidhaahdo) waxay ahaayeen ciidan muslim ah oo la jahaadaya cadow 'gaalo ah'. Isla sida kuwa kor ku xusan, ciidamadan waxaa Soomaalida ku weheliyey isirro ay ka mid ahaayeen Oromo, Cafar iyo Carab. Taas awgeed, ma jirin xoog ku midoobay Soomaalinnimo ee caqiidada islaamka ayaa meesha ku jirtay. Waxaa soo raacda kaalinta hoggaaminta Imaamka oo caqli, caqiido iyo cilmi diineeedba, saamayn weyn ku lahaa ciidankiisa[19]. Arrintan waxa laga la soo bixii karaa runta ka horjeedda sheekabaralayda Soomaalinnimada Imaam Axmed Gurey. Waayo haddii ay taasi jiri lahayd qolooyinka abtirsiinwadaagta Soomaaliyeed buu midkood la hayb ahaan lahaa oo sidii dhaqankoodu ahaa, kala dhawaysan lahaa; hoggaamintiisuna, taas darteed ma guulaysateen, waayo midnimada ciidankiisu way ku burburi lahayd, ka dibna, ceeyoon buu ciidankiisu isku jabi lahaa.

Dhaqan Magaalo

Waxa aynu hadda ka hor soo hadalqaadnay dawlad-magaaleedyo ka jiray meelo ka mid ah xeebaha dhulka Soomaalida. Sida la malaynayo, muddo ku siman qarniyadii sagaalaad iyo tobnaad iyo kow iyo tobnaad ayay magaalooyinkaasi soo jireen. Qaarkood, sida Muqdisho, Marka, Baraawe iyo Saylac, waxay noqdeen dawlad-magaaleedyo, si joogta ah loo deggan yahay oo ay ka taliso dawlad dhexe oo awooddeedu sugan tahay. Hubaashu waxay tahay habka iyo xoogga ay dawladahani ku salaysnaayeen ma ahayn habka abtirsiinta la wadaago iyo hiilada tolliimada ay ku dhisan tahay qabiillada xooladhaqatada Soomaalidu.

---

[19] I.M Lweis, ibid p. 25

Magaalooyinkaas, markooda horeba, waxaa asaasay Carab ka soo dhuyaashay Jasiiradda Carabta iyo Furus oo xeebaha Soomaalida ka dhisay xarumo ganacsi; waxaana si joogta ah ugu biirayay dad ka soo jeeda Soomaali iyo dadyowga kale ee ku noolaa gobolka Geeska Afrika, sida Cafar iyo Oromo (Saylac). Soomaalida oo ay magaalooyinkani dhulkooda ka abuurmeen, isir ahaan iyo dhaqan ahaanba, saamayn ayay ku lahaayeen. Waxa ay ka muuqataa mudnaanta uu afka Soomaaligu ka lahaa afafka lagaga hadlo halkaas[20]. Se magaalooyinkani markoodii horena ku ma dhismin, ka dibna ma noqonnin Soomaali sooc ah. Sida uu qiyaasayo I. M. Lewis, waxay magaalooyinkani ku aroorayaan socoto Carbeed oo laga soo bilaabo waqtiyadii ka dambeyey *Hijradii* hore ee saxaabadii Nebi Maxamed (scw) ku soo qulqulaysay xeebaha waqooyiga iyo bariga waqooyi ee geeska Afrika[21]. Inta raadkooda la hayana laga soo bilaabo qarnigii tobnaad ee miilaadiga, xarumo ganacsi ayaa ka jiray xeebahaas[22].

Ujeeddadeennu hadda, ma aha Soomaalinnimada ku dhisan dhaqanka iyo afka lagu hadlo. Bal su'aashu waxa ay tahay, dhinac is-ahaanta siyaasadeed, maxaa ay dawlad magaaleedyadan isu ahaayeen qabaa'ilka abtirsiinwadaagta Soomaaliyeed ee xoolaraacatada ahayd? Ugu horraynba dadka magaalooyinkaas degganaa, isir ahaan, iyo is-ahaanshaha siyaasasadeedba (political identity), magaca magaaladooda ayay lahaayeen. Qaabka urursanaantooda bulsheed iyo siyaasadeedna (social and political organisation) ku ma xidhnayn qabaa'ilka tolwadaagaha Soomaalida, *(iyaba waa islayaab iyo isladiide, dawlad*

---

[20] Michael Walls, A Somali Nation-State, Ponte Invisible, 2014, P 71
[21] I. M. Lewis, A Modern History of the Somali, Ohio University Press, 2002, P 20
[22] IBID.

magaaleedyadaas ayaa ka horumarsanaa saamiqaybsiga qabyaaladda maanta lagu dhaqmo). Aasaaska ay ku dhisnayd awoodda dhexe ee dawladeedna waxay ku negi ahayd xurmo diineed iyo quwadda maadiga ah ee xukunka. Dhibaatada qabyaaladeed ee ay aragtaa waxay ahayd tu debedda magaalada kaga timaadda.

Tusaalaha Saylac baa i nagu filan oo aynu inta kale kaga kaaftoomaynaa. Magaalada Saylac qarniyadii afar iyo tobnaad ilaa sagaal iyo tobnaad, waxay lahayd saldad dawladeed oo xasilloon; Mana aqoonin qabaa'il iyo reero ku hardama awoodda talada dawladeed. Waayo, marka horeba xaakinku ka ma imanaynin qabaa'ilka Soomaalida. Saylac iyo kuwa la midka ahaa waxay ku bilaameen xarumo gancsi iyo goobo ay diinta Islaamku ka fiddo. Waxaa kale oo ay noqdeen bar ay ku kulmaan dad kala isir ah oo ay ka mid yihiin Soomaali, Carab, Faarisiyiin, Cafar, Oromo iyo Xabashi. Richard F. Burton, Sannadkii 1854, waxaa uu ku darayaa Hindi ayaguna waagaas ku noolaa Saylac. Dadkani muddo qarniyo ah ayay si walba isu dhex galeen oo ay lahaayeen nolol dhaqaaleed iyo bulsheed mid ah oo ku xidhan magaalada ay ku wada dhaqan yihiin. Ciddii debedda kaga soo biirta ee tusaale ahaan, ka timaadda qabaa'ilka Soomaalida, haddii aanay kolkiiba dib ugu noqonin beesheedii hore, da'aadaheeda dambe reer magaalka ayay ku milmi jirtay oo waxay kasban jirtay dhaqanka magaalada. Sidaas ayay ku abuurantay bulshadii Reer Saylac; sidaas ayayna ku ahayd bulsho leh hayb magaalo iyo dhaqan Saylaci ah, dadkeeduna aanu u kala raacsanayn qabaa'ilka abtirsiinwagaata Soomaaliyeed. Taas darteed, maamulkii Ingriis ee 1949-kii, waxa uu Saylac, si rasmi ah ugu aqoonsaday bulsho ka gooni ah qabaa'ilkaas, waxaana uu u magacaabay caaqil u gaar ah[23]. Siyaasadda gumaysigu bulsho abtirsiga adooga ka kortay, ayay qabiillo ka la mid dhigtay.

Dawlad-magaaleeddu waxay mar walba lahayd nin ka madax ah, magacu wax kasta ha noqdee. Dawladdii Ifat oo ay Awdal ama Saylac ka tirsanayd, marka aynu eegno magacyada, waxaynu ka garan karnaa in xaakimmadeedu Carab ahaayeen. Tusaale ahaan magacyada Xaqu-Adiin oo qarnigii 14-aad ahaa suldaanka dawladda Ifat iyo Sacaadu-Adiin oo horraantii qarnigii 15-aad ahaa Xaakinkeeda u dambeeyey, magacoodu u ma muuqdo Soomaali[24]. Ulajeeddadu se ma aha in Soomaalidu mar walba ka madhnayd xaakinnimada Saylac. Sharmaarkeba ma ahayn oo kali ah Soomaali ee waxa uu ahaa nin ka dhashay qolo ka mid ah raacatada Soomaaliyeed oo abtirsiintiisa la yaqaanno. Se ku ma imannin xukunka magaalada awoodda iyo codka qolada Isaaq ee uu ka dhashay.

Sida uu ka warramayo Richard Burton, markab Ingriis ah oo ay budhcad Soomaali ahi ku weerartay badda Berbera ayuu Sharmaarke oo ahaa naakhuude badmaraa ahi, si geesinnimo leh ugu diriray oo uu ka badbaadiyey budhcaddii. Abaalkeedii buu Sarkaal Ingiriiska u fadhiyey magaalada Mokha (Xeebta Badda Cas ee Yaman) u galaangalay Xukunkii Gusmaaniga ee xilligaa halkaas fadhiyey. Waxaa xilka looga qaaday *Mahamed Al-Bar* oo nin Carbeed ahaa. Sidaas ayuu Sharmaarke Cali Saalax oo uu Richard Burton ku tilmaamay nin han weynaa, uu ku noqday xaakinka Saylac ka taliya[25]. Haddii ay qabiil tahay,

---

[23] I. M. Lewis Pastoral Democracy, 1961, 1982, P 92
[24] I. M. A Modern History of the Somali,2002, P, 25
[25] Richard F. Burton, First Foot Steps in East Africa, Dover Edition, 1987, PS, 12, 13

tolkii Isaaq buu ahaa oo Saylac iyo agagaarkeeda ka ma dhawayn. Duleedka magaalada iyo degaankeedaba waxaa ka ag dhawaa qolada Ciise oo aanu taageero tolliimo ka dhawraynin.

Tu kale oo dhugasho mudani waa hab-dhisaalaha dawladda magaalada. Marka laga yimaaddo xaakinka guud oo Sharmaarke ahaa, waxa uu Richard Burton ku warramayaa in rukummada xukunka iyo maamulka dawladeed ka dhisnaa *Amiru-Bahri* oo ahaa kabtanka dekedda; iyo *Naqiib alcaskar*, *Maxamed Cumar Al-Humami*. Labaduba waxay ahaayeen taliyeyaal ciidan joogto ah oo gaadhaya ilaa afartan nin oo ku tababaran hubka seefta iyo baaruudda (qalab aanay Soomaalidu, waagaas, ku dagaallami aqoonin). Ciidankaasi giddiba waxa uu ahaa Carab uu Burton ku sheegayo calooshooda u shaqaysato (mercenaries). Waxaa kale oo ayaguna ka mid ahaa rukummada dawladdu ku taagnayd qaaddiga. Dhaqaalaha ganacsiga ayaa ahaa salka doorroonaha ah ee ay mid ahaanta bulshada Saylac ku dhisan tahay.

Saylacdii qarniyo sharraxnayd waxaa baabi'iyey dawladihii shisheeye ee dhulkii Soomaalida qaybsaday. Dawladda Faransiis waxay Saylac barbarkeeda ka dhisatay Dekadda Jabuuti iyo xadiidka tareenka ee Itoobiya ku xidhaya, kaa soo sunsunkii ganacsi ka leexiyey Saylac. Maamulkii Ingriisna waxa uu fadhiistay Berbera. Saylacna waa uu baylihiyey. Sida ay wardhegoodku sheegayaan, dadkii Reer Saylac, dhaqaale burburka ku dhacay dartii, way ka guureen magaaladoodii oo badiba waxay ku filqameen Jabuuti iyo Harar. Sidaa ayuu dhaqankii Saylicigu ku xero waayey, markii bulshadiisii tirantay. Kalajeeddadu (the irony) maanta waxay tahay, qarannimo Soomaaliyeed dabadeed, in Saylac noqotay meel qabiil loo tiriyo oo ku magacaaban Reer Hebel.

Ajuuraan

Dawlad-magaaleedyadu malaha, ku ma keli ahayn taariikhda Soomaalida. Warhiddoodka iyo raadad la hayaaba waxa ay tibaaxayaan in aan qabiillada abtirsiinwadaagta Soomaaliyeed, si buuxda uga madhnayn alkunka dawladnimo. Saldanaddii ku magac yeelatay qolada Ajuuraan oo, sida sheekadhegooddu tidhaa, dabayaaqadii qarnigii shan iyo tobnaad ilaa bartamihii qarnigii toddoba iyo tobnaad ka talinaysay koonfurta Soomaaliya, waxay ahayd dawlad leh awood dhexe oo loo hoggaansan yahay[26]. Waxa uu xukunkeedu ku baaahay dhulka baaxadda weyn ee badhtamaha Soomaaliya, inta labada webi u dhaxaysa, korna ilaa Qallaafo (hadda ka tirsan dhulka Soomaalida Ethiopia); xeebtana laga bilaabo Mareeg ilaa Jubbada Hoose, ayuu xukunkeedu ku baahay. Magaalada Muqdisho ayay nasfuud iyo haybad xooggan ku lahayd uguna mudnayd dekadaha uu ganacsigeedu ku tiirsan yahay. Magaalooyinka Marka iyo Baraawe iyo ilaa Kismaanyana gacanteeda ayay ku jireen. Waxaa dhulkaas u fadhiyey ciidamadeeda oo ku hubaysnaa warmo seefo iyo ableyo oo fardahana si jabsan ugu dagaal gali jiray. Waxay kale oo ay lahayd ciidan badda iyo xeebahaba ilaaliya. Dadka xukunkeeda ku hoos jira iyo kuwa ay ku buruud leedahayba, waxa ay ka qaadi jirtay cashuur cayntooda laga soo ururiyo tacabsoosaarka.

Hannaanka dawladdu ka dhisnayd waxa uu ahaa 1) Imaamka oo ahaa xaakinka sare ee saldanadda, 2) amiirka oo qaabilsanaa gaashaandhigga iyo 3) naa'ibka oo

[26] Lee V. Cassanelli, The Shaping of Somali Society, Pennsylvania Press; P 84

qaabilsanaa soo-ururinta cashuuraha. Waxa uu Imaamku lahaa guurti la talisa. Degaannada iyo dekadaha, mid walba waxaa u joogay *Naa'ib* cashuurta ka soo ururiya. Sidaas ayaa maal badani ugu soo hoyan jirey saldanadda.

Cassanelli (Kasaneli) waxa uu sheekabaralayda ka soo tebinayaa in Imaamku gabadh ka guursan jiray degmo kasta iyo in gabadh kasta oo la guursado loo xerayn jiray oo uu ninkeeda uga horrayn jiray[27]. Waa sheeko ka hor jeedda diinta Islaamka; sida uu tilmaamayo magaca Imaamka ee mar walba lagu ladhayo hogaanka saldanada Ajuuraan. Isla markaa waa sheeko lagu xidhiidhiyo usduurooyin kale oo Islaamka hortii loo celiyo, sida ta Bucur Bacayr iyo Geeddi Baabow.

Waa maxay tubta iyo xeesha uu hoggaankii dawladdaas kaga kor maray hiilada hoos u furfurmaysay ee ku dhisan abtirsiinta qabiillada Ajuuraanka iyo qolooyinka kale ee xukunkiisa ku hoos jiray ama isbahaysiga ku la jira?

Midda kowaad, waxa ay u badan tahay, aasaaska mabda' ahaaneed ee dawladdu ku bilaabantay waxa uu ahaa caqiidada diinta Islaamka, ayadaana ahayd baaqa ururinaya ee loo wada aqbal keenay. Waxaana jira sheekooyin xusaya in dawladda Ajuuraan kaalin ku lahayd sababaha fiditaanka diinta Islaamka ee gobolka Geeska Afrika.

Ta labaad oo aad muhiim u ahi waa ciidan dagaal hubaysan oo rigli ah (regular army). Xoogga ciidankan wuxuu noqday tiirdhexaadka haybadda saldanaddani isku taagtay. Xoogga dagaalkuna runtii meel halbowle ah buu kaga jiraa habka

---

[27] Lee V. Cassanelli, P 92 iyo 93

qaayasoorrada dhaqanka tolwadaagaha Soomaalida. Ciidankani waxa uu ahaa quwad dagaalka u jabsan oo u hoggaansan talis mid ah, kaas oo asaguna u hoggaansan suldadda Imaamka. Weli waxaa su'aal ah sida aanay hiilada filqan ee abtirsiinta reerahu u saamaynin ciidankan laftiisa. Arrinta meesha ku jirtaa waa askarta ciidankan xagga laga keenay iyo qaabdhismeedkiisa. Marka hore, qayb weyn oo ka mid ahi waxay ahaayeen ciidan asalkiisu ka yimid dad addoon ahaa (mamluuk)[28] oo aan ku abtirsanayn abtirsiinwadaagta Soomaalida; sidaas darteed aan hilow iyo hiilo kala duwan la lahayn qolooyinka Soomaalida. Qayb kalena waxay ahaayeen dad laga soo xulo beerafalatada webiyada ee ka dhaqanka duwan abatirsiinwadaagta. Waxa kale oo ka mid ahaa Carab soo shaqo tagtay (murtasaqa). Dhinaca qaab-dhismeedka, waxaa laga dhigay ciidan isku dhafan oo aan tiro isku qolo ahi xero mid ah gooni u wada joogin. Waxaa ayaduna meesha ku jirta xidhiidhada ay Saldanadda Ajuuraan la lahayd imbiraaddooriyaddii Cusmaaniyada (Turkiga) ee qarniyadii dhexe iyo ka dibba. Saldanadda Ajuuraan waxay xidhiidhkaas ka kasbatay quwad dhaqaale iyo saanad dagaal labadaba.

Waxaa raacay dagaalladdii ay saldanaddani kaga hortagtay duullaamadii ciidamada Burtuqiisku ku soo qaadeen xeebaha koonfureed ee dhulka Soomaalida iyo guulihii ay ka soo hoysay, in kasta oo ugu dambayntii laga guulaystay. Isla waqtiyadaas, ciidammada saldanadda Ajuuraan waxay jebiyeen Oromo dhulka Soomaalida ku soo duushay, kuwaas oo ilaa hadda lagu xusuusto magaca *Gaalo Madow*. Xidhiidhka Turkiga ayaa ciidankan u suurogeliyey in uu helo hub uu xeebaha dalka ku ilaaliyo. Quwadda ciidankan,

---

[28] IBID. P 90

hubkiisa, qalcadaha uu dhistay iyo dagaallada uu galay, intuba waxay dawaladda siiyeen bili iyo buruud lagaga haybaysto oo loogu hoggaansamo.

Waxaa wehelisa ganacsiga ballaadhan oo carrada waqtigeedii ka jiray. Sheekooyinka qaar waxa ay sheegayaan in ganacsigaasi gaadhay ilaa dhulka Hindiya iyo Shiinaha, koonfurna ilaa Mosambiiq, woqooyigana Masar oo Yurub u gudbay. La arkee in kabad-badini warkan ku jirto, se ganacsigii xeebaha Muqdisho, Marka iyo Baraawe ka aloosnaa waxa uu dawladdan u soo hooyey dhaqaale iyo qalab farsamaba.

Rukun kale oo ay Saldanaddani ku taagnayd waa gacankuqabashada biyaha oo siisay awood dadku ugu hamrado. Waxa ay xoogga dadka u adeejin jirtay qodidda kanaallada biyaha ee lagu waraabiyo dhulka carrosanka ee webiga Shabeelle. Waxa ay xoogga dadka ku qodi jirtay ceelasha biyaha. Waxa ayna isla markii, xukumi jirtay hannaanka looga cabbayo[29]. Waxaa ilaa hadda jira ceelal badan oo wardhegoodku yidhaa waxaa qoday Ajuuraan.

Marka la isku daro caqiidada diinta oo qoyska xukunka haya xurmo weyn siisay, xoogga ciidanka dagaal ee aan ku kala abtisanaynin jibsinaha qolooyinka kala duwan ee si buuxda gacanta saldanadda ugu jira iyo awoodda dhaqaale ee ka soo ururaysay tacabsoosaarka dadka iyo ganacsiga badda, intuba waxay noqdeen tiirar adag oo ay dawladnimadu isku taagtay; waana wacaalaha suurgaliyey in saldanadda Ajuuraan qarniyo jirto.

---

[29] ibid, P 92

Haddii quwadda ka madax bannaan hiilada abtirsiinwadaagta Soomaaliyeed ay dawladdaas siisay cimri dherer qarniyo qaadhay, ka ma ay fakan aakhirkii in ay hoos ka burburto iyo in qolooyin kale dagaal ku jebiyaan oo ay sidaa taariikhda kaga baxdo. Sida uu ka warramayo Lee V. Cassanelli, xukun-maroorsigii qallafka ahaa ee Ajuuraan dartii, dadkii baa ku kacay. Waxa u horreeyey oo ku fallaagoobay qabiilka Darandoole oo ka mid ahaa xooladhaqatada qabiilka Hawiye. Waxa ay taasi dhacday intii u dhaxaysay 1590 iyo 1625-kii. Markii hore, waxa ay Darandoole dhabbogal ku dileen xaakinkii Muqdisho ee la odhan jiray Mudafar, kaas oo Ajuuraan gaashaanbuur la ahaa. Sannaddo yar ka dibna toos ayay uga hor yimaaddeen oo waxa ay dileen Imaamkii Ajuuraan.[30]

---

[30] ibid, P93

4

Qaybta Afraad

Maxamed Cabdulle Xasan

Ma-hayaa Ma Huro

Sannadihii u dambeeyey qarnigii sagaal iyo tobnaad ilaa labadii tobanguuro ee u horreeyey qarnigii labaatanaad, ayuu Sayid Maxamed Cabdulle Xasan dirir ku jiray. Waxaa marar badan ku biiray dad aan tiro yarayn oo ka tirsanaa tolwadaagaha dega Somaliland iyo dhulka maanta lagu magacaabo degaanka Soomaalida ee Itoobiya[31]. Ciidamo, marar kumannaan gaadha ayuu dhulkaas ka ururiyey oo uu magaca Daraawiishta ku dagaalgeliyey. Hubkii waranka iyo gaashaanka, leebka iyo qaansada ee ay reeraha Soomaalidu yaqaanneen ka sokow, waxa uu debedda ka keensaday hubka banaadiiqda iyo rasaasta oo uu ku dagaallamay. Ingiriiska oo ahaa dawladdii ay, inta u badan, iska hor yimaaddeen, ammintii hore, waxaa xukunkeedu ku urursanaa xeebta Soomaalida ee Berbera, Bullaxaar iyo Saylac. Sidaad darteed, Maxamed Cabdulle Xasan waxa soo martay fursad uu awood aan la fududaysan karin ka noqon karay, ugu yaraan, bariga dhulka oogada ah ee Somaliland. Waxa uu lahaa oo uu halkaas ka dhisay xarumo iyo qalcado ahaa saldhig uu ka hoggaamiyo ciidankii Daraawiishta, sida Eyl iyo Illig, Midhishi iyo tii Taleex oo kale. Mase dhicin marna in uu dhulkaas iyo abtirsiinwadaagaha deggan isu keeno oo ku mideeyo taliska hoggaankiisa.

Hadda kolka aynu wax yar is dul taagno si-aragga dadweynaha iyo aqoonyahanka Soomaalida, Sayid Maxamed Cabdulle Xasan iyo dagaalladii uu

---

[31] Douglas Jardine, B B41, 42

hoggaaminayey, siyaal iska soo hor jeeda ayaa waqtiyo kala dambeeyey loo arkay; maantadanna weli meel la isku raacsan yahay la ma dhigin. Sayid Maxamed Cabdulle Xasan, xataa qof ahaan, ilaa maanta, waxa uu dhex yaal wadaad cilmiga diinta ku xeel dheeraa, gabayaa buxuur ahaa, geesi waddani ahaa, dagaalyahan hoggaamiyey halgan gobannimadoon oo Soomaali la rabay, una hor kacay, xornimo iyo dhisme qaran dawladeed; iyo geesta kalena, nin qallafsanaa, talamaroorsi iyo 'dhiigyacab ahaa' oo aan waxba la la wadaagi jirin; isla markiina nin xoolaha dadka ka dhici jiray oo magaca qolo ahaaneed u weerari jiray; nin aanay sinnaan Soomaalinnimo agtiisa oollin; diin ahaanna, nin tiisa u adeegsan jiray, tii ka duwan iyo ciddii aan asaga raacinna, gaalnimo ku xukumi jiray.

Soddonnadii ilaa bartamihii afartannadii qarnigii labaatanaad ayay sidaas ahayd; ka dib se si kale ayay xaaladdu isu rogtay. Dabayaaqadii afartannadii qarnigaas iyo ilaa sannadahii Siyaad Barre, Maxamed Caddulle Xasan waxaa laga yeelay oo loo wada qaatay hormoodkii halganka ummadnimo Soomaaliyeed oo xor ah. Aragtidani waxay ka waraabtay qiirada halganka gobannimadoonka iyo gumaysidiidka ee waagan dambe dardarta xooggan keenay. Xiisaha hiyiga Soomaalinnimo ee waagani waxa uu dib u hummaagiyey tagto iyo sooyaal ay Soomaalidu wadaagto; taas awgeed, waxaa dib loo soomaaliyeeyey Maxamed Cabdulle Xasan iyo dagaalladiisii. Qiiro Soomaalinnimo oo Soomaali dhammaanteed isu soo duntaa hore u ma jirin; waayo qabaa'il abtirsiintu xidhiidhiso oo ay kala filqiso ayay ahayd; dhaadasho mid ahna garaad bulsheed u ma lahayn. Xukunka dawladaha shisheeye iyo sanqadha dhaqdhaqaaqyada gobonnimadoonka adduunka ee soo gadaalbaxay ayaa saamayntiisa la yimid. Sidaas ayay waqtigan ugu hanqal taagtay magaca qaran Soomaali ah. Taas darteed, dhaxal ay Soomaalinnimo ku wadaagto ayay ka mutuhisay Sayidka iyo Daraawiish. Runtii qiirada Soomaalinnimadoonku halkaas ku ma ekayn, ee Axmed Guray ayay ugu tagtay qarnigii 16-aad oo ay tidhi Soomaali buu ahaa.

Socotada taariikhdu iyaba way wiirsataa. Qabyaaladdii, saddex tobanguuro ka dib dumisay qarannimo Soomaaliyeed, taalladii toddoobaatannadii qarnigii labaatanaad Maxamed Cabdulle Xasan looga taagay Muqdisho, ayay iyadana burburisay; magaciisana way ka dhex qaadday goob Soomaaliyi wada joogto oo guri kale ayay u rartay.

Xaqiiqaraadin
Garashada tagtadeedii iyo teeda joogta, Soomaalidu waxay ku aragtaa dooceeda gaarka ah iyo deexashada iskeeda. Ma aragto, ama way yar tahay, inta ay ka dheehato xaqiiqda waayaha jiraalka ah ee duunkeeda iyo doonisteeda debedda ka ah. Waxaa ka dhashay in wax kasta oo ay soo martay, ay ku xidhiidhiso tartanka xoogbiirsiga iyo tollaysiga qolyaha abtirsiinwadaagta ah. Sayid Maxamed Cabdulle Xasan, ilaa maanta, waxaa isku haya labada si-arag ee aynu tilmaanta ka bixinnay. Labadan si-arag, sida fog ee ay isugu lidka yihiin, ma aha mowqif iyo adduun-arag kala duwan; waxaa shishe ka shidaalinaya ayna si kale uga tibaaxcelinayaan xusuusta hirdankii abtirsiinwadaagaha Soomaalida ee waran iyo weedhba lahaa. Ammaanta Sayidka magac iyo haybad uu qabiil gaar u leeyahay baa laga deyayaa. Sidaas darteed marka qolo ku magac doonato ee uu magacu faan qabiil galo, ayay qolo kasta oo kale dhaleecadiisa isla soo taagaysaa. Labada dhinac, midkoodna laga ma martiyo

sahan rundoon ah iyo warbixin mawduuci ah. Majarahan hawo-raaca ah waxaa ka dhashay xaalad ay tagtada Soomaalidu caqabad ku tahay teeda hadda ah iyo timaaddadeedba. Inta aanay isaga imanin oo ka wada hadlin dhibaatooyinka hadda haysta iyo maxaa laga yeelaa, ayay Soomaalidu isku dilaysaa garashada maxaa i na soo maray. David D. Laitin iyo Said S. Samatar, buuggooda SOMALIA, Nation in Search of a State, waxay mushkiladdan kala soo baxeen in sooyaalkii taariikhda Soomaalidu, waqtiga hadda ah, hub u yahay hirdanka siyaasadeed ee kooxaha kala qolada ah.

Abbaarta hawo-raacu, ammaanta Sayidka waxay kaga sii dardar badisaa cambaaraynta dhinaca kale ee ay ku naanaysto gaalaraac iyo dabajoog gumeysi. Waxay ka shidaal qaadataa gabayadii Sayidka iyo weerarradii afka ee waagii Daraawiishta. Maantana sidii ayay u socotaa oo xaaladda siyaasadeed ee hadda jirta meeshii hore ayay ka gashaa. Waa colaaddii tolwadaagaha oo adduun iyo awaaleyaal kale la la aadayo. Ina Cabddulle Xasan iyo dagaalladiisii baa la soo noolaynayaa oo maantana hub laga dhiganayaa.

Innaga oo jidkaas ka leexanayna, aynu qaadanno majare mawduuci ah oo ku eegno dagaalladii Sayidka. Majarahaasi waxa uu i na tusayaa in halgankii Sayid Maxamed Cabdulle Xasan aanu ahayn hanti qolo gaar u leedahay, bal se uu yahay taariikh Soomaali ka dhaxaysa. Haddiiba ay kala sheegato, Somaliland iyo Puntland iyo degaanka Soomaalida ee Itoobiya ayay maanta gaar u sii taabataa taariikhdaasi. Runteeda waxaa laga ga yool gaadhi karaa aragti waaqica jiraalka ah iyo wixii dhacayeyba toos u abbaaraysa, kana fogaanaysa deexashada gaar ahaaneed.

Aragtidaas ayaa i noo geyn karta run la wadaago oo ta maanta iyo aayaha dembena loo adeejin karo.

Sidaa darteed, waxaa i na hor imanaya weydiimahan: 1) Maxaa uu ahaa halgankii Sayid Maxamed Cabdulle Xasan; 2) maxaa laga dheehan karaa ee ah suurada dawladda uu Sayid Maxamed Cabdulle Xasan rabay iyo 3) maxay ahaayeen wacaalaha loo celin karo guuldarradii uu ku dambeeyey? Qodobka haldoorkeenna ah ee aynu halkaas ka sahaminaynaana waa kaalinta uu dhaqanka abtirsinnwadaagta reerguuraagu ku lahaa guuldarradaas.

Sannadkii 1897-kii, ayuu Sayid Maxamed Cabdulle Xasan, magaalada Berbera, ku la kulmay carruur agoon ahayd oo ay Ergada (The mission) Kaniisadda Kaatooliga Faransiisku ku haysay xarun ay halkaas ka furtay (markii dambe waxaa loo raray Dhaymoole). I. M. Lewis waxa uu ka warramayaa in uu Sayid Maxamed Cabdulle Xasan haybsaday kuwo carruurta ka mid ahaa (qaabkii Soomaalida lagu yaqaannay). Carruurtii waxay sheegteen 'Reer Fadder[32]. Qiirada diineed ee ay taasi ku kicisay baa raad ku lahayd bilowga dhaqdhaqaaqa Sayid Maxamed Cabdulle Xasan. Sidaas darteed baaqiisu waxa uu ahaa jihaad la la galo gaalada uu u arkay in ay duullimaad ku yihiin diinta Islaamka, una socdaan in ay dadka kiristaan ka dhigaan. Waxaa uu isku dayey in uu dadka ku dagaalgeliyo qaabkii jihaadka ee ahaa nafta oo Alle dartii loo huro; (eeg geeraarka "Ka sabaan ka sabaan", codka Aw Daahir Afqarshe). Waxa uu la yimid Dariiqada Saalaxiyada oo u ahayd jid uu Daraawiishta iyo dadka raacsan ku walaalaynayo. Waxaa se la odhan karaa taasi saamayn taban ayay ku yeelatay

32 I. M. Lewis, A Modern History of the Somali, 1988, p 67

halgankii uu Sayidku waday; waayo waxaa dhulka joogay
oo waagaas ku xididaysatay dariiqada Qaaddiraya. Marka
Saalaxiyadu waxay noqotay firqad hor leh oo dadka
Soomaalida laba u sii kala jebinaysa, culumadii uu jihaadka
u soo jiidi lahaana ka sii fogaysay; taas oo aynu siiraacyada
soo socda ku sii tifaftiri doonno.

Cidiba ta ay doonto ha tidhaahdo ee Sayid Maxamed
Cabdulle Xasan, waxa uu ahaa nin diiddan oo ka hor yimid
dawladihii shisheeye ee dhulka Soomaalida qabsaday;
waxaana uu rabay in uu shisheeyahaas debedda kaga soo
duulay ka saaro carrada Soomaaliyeed. Ujeeddadaas wuu
lahaa, farriintiisa, tix iyo tiraabba, taas waa laga arkayaa,
wax kasta oo kaleba ha u weheshee. Waxa se laga doodi
karo, ee qiimaynteeda la isla eegi karaa waa tubtii iyo
farsamadii uu raacay iyo natiijadii ka dhalatay.

Ta ku saabsan hummaagga dawladeed ee laga malayn karo
dhaqdhaqaaqii Daraawiishta, waxaa i na hor imanaya
awoodda aan xeer iyo xoog waabiya lahayn ee Sayidka.
Habyaalka awoodda hoggaamineed ee jirtay waxaa si weyn
uga muuqda kaalinta suldada diineed iyo dagaal ee Sayidka;
iyo ta labaadna, ciidanka dagaalka ee Daraawiishta. Waxaa
la is weydiin karaa dhaqanka abtirsiinwadaagaha
Soomaalida ee ku arooraya sinnaanshaha aan lahayn darajo
bulsheed oo lagu kala sarreeyo (egalitarian system), sidee
ayay uga suurogashay in awooddu sidaa ugu ururto nin keli
ah? Waa run oo soojireenka dhaqanka abtirsiinwadaagaha
Soomaalida, waxaa ka mid ah sinnaansho dabeeci ah; waxay
se taasi meelmar noqotaa meeshii xoogga maaddiga ah la
siman yahay. Haddii la kala xoog roon yahay oo aan dirirna
la isu soo rogaal celin karin, la is ma tixgelin jirin oo sinnaan
la isku la ma dhaqmayn. Haddii taasi jiri lahayd, isirro la

yaso, maanta lagu ma arkeen dhulka Soomaalidu degto. Tu kalena, qabiilka reerguuraaga Soomaalidu, had walba, waa qubane aan aqoonnin awood ku urursan xuddun dhexe iyo jaranjaro hoggaamineed oo la wada raaco. Sidaas darteed tiradoodu ma samayso tayo u quturta kelitaliye ciidan iyo hub isku xeeray oo go'aanqaadashadiisu dhaw dahay. Taasi waa wax aan ka suurogalin qubanaha qabiil; waayo arrinka ugu yari waxa uu uga baahdaa wargelin iyo dood waqti dheer qaadata iyo ugu dambaynta go'aan loo wada dammaado.

Markii hore, Sayid Maxamed Cabdulle Xasan waxa uu ku eertay oo uu abaabulay Reerka Dhulbahante oo baaqiisa ugu dhegonuglaaday laba wacaalood dartood. Ta hore, Ingiriiska Berbera fadhiyey, waqtigaas, raadayn weyn oo dhaqaale iyo amni ku ma yeelan Dhulbahante. Ta labaadna, Reer-abtigii oo uu dhexdooda ku soo koray buu halkaas ugu tegay, taas awgeed ku ma ahayn halkaas shisheeye lama-yaqaan ah. Xoogga labaad ee uu in badan abaabulay waxa uu ahaa qabiilka Ogaadeen oo hiilo tolliimo looga malayn karo, in kasta oo isaseeg ba'ani, marar dame dhexdooda yimid. Ta saddexaad ee raacday waa haybadda wadaadnimo iyo dikriga dariiqada ee uu si weyn u adeejiyey, taas oo dad badani u qaateenba wali la weheliyo. Ayada oo arrimahaasi kuwo jira yihiin, haddana waxaa meesha soo gelaya dhaqankii dagaallada reeraha dhexdooda ee lahaa aargoosiga iyo xoolaha oo si joogto ah loo kala dhaco. Runtii ciidamada intooda badan ee Sayidka agtiisa ku soo ururayey, waxaa soo jiidanayay xoogga duullaanka iyo boojimada xoolaha faraha badan (geela iyo faradaha) ee laga helayo.

Isku darka wacaalayaashaasi waxay u suurogeliyeen abaabulka ciidan tiro badan oo baaqa jihaadkiisa u dhego nugul (taasi gadaashii waxay Sayidka ku noqotay goldoloollo). Qaayaha adeejinta xoogga iyo raadka uu ku leeyahay fal-dhaqanka reerguuraaga Soomaalidu waxa uu markiiba alkumay oo uu soo ifbixiyey shakhsiyaddii dhaqanka reerguuraaga ee nin xoog is biday. Waxayna taasi keentay in, amin kooban gudaheed, ay xaruntiisii isu rogto goob awooddii taladu dhammaannteed ku jirto gacanta Sayidka oo keli ah. Go'aanka arrimaha la xidhiidha Daraawiishta iyo dagaalka, haddii la qaadayo iyo haddii laga joogayaba, asagaa ku keli noqday oo la la ma wadaagayn. Fatwo diineed oo aan asaga ka iman ama aanu ka raalli ahaynina ma jireyn. Wardhegoodka Soomaalida ee ku saabsan xarumihii Daraawiishta, waxaa laga dareemayaa in aanu marnaba sheekh caalin ahi muuqaal weyn ku yeelanin xarunta. Waayo waxa qarinayay Sayidka aan barbarkiisa la iman karin.

Ha yeeshee, taasi naga ma aha in Daraawiishi ka madhnayd siyaasad, diin iyo dagaalba, cid kale oo meesha ka muuqatay. Way jireen niman kale oo magacooda goobta lagu xusuustaa. Marka se ay codka noqoto, wadaad iyo gabyaa, labaduba Sayidka agtiisa way ku magac iyo muuqaal la'aayeen. Mana noqon karto xaalad gaar ku ah dadka meesha joogay ee waa ifafaale tilmaamaya xidhiidhka xarunta ka jiray ee keenay in aan Sayidka, gabay iyo diin, barbarkiisa la isa soo istaagi karin. Ismaaciil Mire oo ka mid ah nimanka magaca weyn ku leh gabayga Soomaalida, aad ayay u yar yihiin gabayada la sheego in uu tiriyey intii uu darwiishka ahaa; wuxuuna ku tiriyey idanka Sayidka iyo oggolaashihiisa. Dhismaha awoodda, darajada Sayidka waxaa la soo raaciyaa nimanka magaca khusuusida lahaa, ma se ay ahayn gole rasmi ah oo ahaanshahooda golenimo, talo ku soo jeedin kara, go'aankana wax ku leh. Waxay ahaayeen niman uu Sayidku mid-mid iyo ka badanba, markii uu doono, talo weydiiyo; go'aanka se kelidii buu qaadanayey. Xaaladdan oo kale, talada la soo jeedin karaa waxay noqonaysaa tu danta Sayidku wato xoojinaysa; ama haddii kale aan kollayba ka soo hor jeedin. Marka si kale loo eego, nimanka *khusuusidu* waxa ay ahaayeen niman Siyadka gelbiya oo badiba agtiisa lagu arko oo haybaddiisa muujiya; go'aankiisana gudbiya oo fuliya. Darajada khusuusi waxaa lagu noqonayay magacaabidda Sayidka ama ugu yaraan oggolaanshihiisa oo keli ah[33]. Kaalintooda dhabta ahna taas ayaa sargoynaysay.

Su'aalaha meesha ku jira ee aan jawaab sugan loo haynin waxaa ka mid ah jiritaanka xeer ama sharci xaruntu leedahay oo nidaamiya xidhiidhka siyaasadeed iyo hawlaha maamulka guud ee xarunta, iyo hab garsoor joogtaysan oo xarunta ka jiray. Waxaa la sheegaa in xaruntu lahayd wadaad qaaddi ah[34], ma se uu lahayn awood garsoor ka madaxbannaan Sayidka. Waxaa wardhegoodka Soomaalidu isu soo tebiso iyo qoraallada laga qoray Daraawiishtii Ina Cabdulle Xasan ku badan qof la yidhaa wuu xujoobay, oo ciqaab ilaa dil gaadhaysa lagu fuliyo. Waxaa carrabka Sayidka loo ceeliyaa oo in badan la weriyaa weedha ah: *"Iga qariya"* oo qofka lagu qudhgoyn jiray. Isla ayadaas ayuu Douglas Jardine ku xusayaa ereydan: *"Remove him from my*

---

[33] Said S. Samatar, Cabridge University, 1982, p 119
[34] Aw Jaamac Cumar Ciise, Taariikhdii Daraawiishta, P 187

sight[35]." Taasi waxa ay tilmaamaysaa amar ka imanaya kutaagsiga nin awood xad dhaaftay adeegsanaya.

Marka ay tahay suuro dawladeed, waxaa kale oo laga fiirin karaa ciidammadii dagaalka ee Daraawiishta. Sayid Maxamed Cabdulle Xasan, waxa uu jahaad ugu baaqay bulsho qaabka urursanaanteedu ku salaysan tahay abtirsiinta ay wadaagto; isla qaabka tolalka ay kala yihiin buu u la xidhiidhay oo ujeeddadiisa ugu abaabulay. Qaybo badan oo ka mid ahaa ciidammada cadaadin – toos iyo dadab mid ay noqotaba – ayay Daraawiish kaga mid noqonayeen[36]. Tusaale ahaan, degaankii Daraawiishtu soo degto, cabsidu waxay dadka ku qasbaysay in ay ku biiraan, waayo, haddii kale, waxaa ku dhacaya dil, dhac iyo dumarkooda oo laga qaado oo ragga Daraawiishtu qasab ku guursado. Sababtu waxay ahayd Sayidku ciddii aan raacin, waxa uu ku xukumay in ay yahiin cadow gaaloobay. Taas awgeed ma fududayn in ciidan rigli ah oo xerajoog ahi samaysmo, se haddana caqiidada dariiqada Saalixiyo iyo xoolaha darwiishnimada lagu helaayo iyo rabitaanka nabadgelyo waxay suurogeliyeen dhismaha ciidan darwiisheed oo ilaa xad habaysan. Ayada oo sidaas ah ciidanku, mar kasta, waxa uu ahaa qolada uu Sayidku marba la xulufo galo. Marka dhibaato dhacdo ee xilfigaasi jabo, ciidan badan baa ka dareerayay xerada Daraawiishta. Tusaale ahaan, dilkii garaad Cali Maxamuud ka hor, markii Carro Dhulbahante lagu sugnaa, xoogga ciidanka Daraawiishtu waxa uu ahaa Dhulbahante. Ka dib dilkaas, Dhulbahante, Cali Geri mooyee, wuu ka dareeray Daraawiish; Sayidkiina dani waxay geysay Carro Ogaadeen.

Markan xooggii dagaalka ee Sayid Maxamed Cabdulle Xasan ku weeraray Xabashidii Jigjiga, waxa uu ahaa ciidan Ogaadeen ah[37]. Sidaa darteed, ciidanka dagaalka Daraawiishtu, ugu yaraan xilliyadii hore, astaan qabiil ka ma madhnayn. Arrintaasina runtii raadkeeda ayay ku lahayd halkii xaalka Daraawiisheed ku idlaaday. Markii dambe ciidankaas oo ahaa xoogga dagaalka Daraawiishta (oo la odhan jiray *Maara-weyn*), si adag buu u habaysnaa; waxana uu u dhisnaa qaab cutubyo ah oo mid waliba leeyahay taliyihiisa (Muqadim), fardihiisa, hubkiisa iyo xeradiisa gaarka ah. Waxana uu runtii ahaa ciidan ku dagaal galay hab is raacsan oo geesinnimo leh.

Waxaa jiray ciidan kale oo kaas hore ka duwanaa. Waa ciidanka ilaalinta Sayidka iyo hoygiisa, kaas ku magacownaa *Gaarhaye*. Waxa uu ka koobnaa dadyowga webiyada ee Carro Ogaadeen looga yaqaannay magaca Awbaarre, koofurna laga yidhaa Timo-adag. Waxaa ayaguna ka mid ahaa dadka ay qabaa'ilka xoogga lihi yasaan iyo kuwo addoon ahaan jiray[38]. Waa ciidan Sayidku gaar u dhaqaalayn jiray oo asaga oo keli ah ku tiirsanaa, si buuxdana ugu hoggaansanaa. Awoodda Sayidku, marka u dambaysa, ciidankan ayay cuskanayd. Waa la garan karaa sida ay tolwadaagaha 'gobta ahaa' u arkayaan ciidankan xooggan ee ka lad-haysta Sayid Maxamed Cabdulle laftiisa.

Guuldarrada Maxaa Keenay?

Meesha muranka u badani yaallo waa weydiinta maxaa keenay guuldarradii uu ku dambeeyey *halgankii* Sayid Maxamed Cabdulle Xasan? Doodda isir-raaca iyo jacaylka

---

[37] I. M. LEWIS, A Modern History of Somalia, Westview 1988, P 71
[38] Said S. Samatar, Oral Poetry and Somali Nationalism, Cambridge Unversity Press 1982, p 191, 120

Sayidka amaba iskeed-warrantada ahi waxay odhan, gaaladii iyo gaalo-raacii gaaloobay iyo cadowgii gumaysiga shisheeye ayaa Sayidka isu kaashaday oo jabka keenay. Labada dhinac, muran ma laha, oo way isku diidayaan doodda gaalaynta qolyahii Sayidka diiday; isku ma se khilaafayaan jabka Sayid Maxamed Cabdulle Xasan iyo Daraawiishta. Waxay se labaduba seeggan yihiin in aan Sayid Maxamed Cabdulle Xasan iyo Daraawiishtiisii gooni ku ahayn guuldarrada ee ay intaas ka weynayd oo ay weliba sootaallo ahayd. Waxaa jabay oo guuldarraystay waa Soomaali guud ahaan iyo habkii dhaqanka dawlad la'aaneed ee kooxihii abtirsiinwadaagta xoolaraacatada reerguuraaga Soomaalida. Waxaa ka guulaystay dhaqanka habka dawladnimo ee ku dhisan ujeeddo iyo go'aan siyaasadeed oo midaysan iyo hab ciidan dagaalka u jabsan oo ku midaysan jaranjaro hoggaamineed oo darajada ku kala amar qaata. Waa heer xadaaradeed oo si walba uga gacan sarraynaya filqanka kooxaha abtirsiinta hoos ugu sii qaybsamaya ee aan talo, tamar iyo amar midna isku darsanin. Iska hor-imaadku, sidaas darteed, markiisa horeba, ma ahayn wax ku kooban Sayid Maxamed Cabdulle Xasan iyo dawladaha shisheeye; ka mana bilaabmin dhaqdhaqaaqii Sayidka; bal in badan buu ka horreeyey. Waxaa se kala duwan sidii cidiba, goorteedii, u la fal gashay mushkiladda quwadaha dhulka yimid ee dushooda ku loollamayey.

Dawladaha Yurub ee Ingiriis Faransiis iyo Talyan oo ay ku biirtay Xabashidu, muddo qarni badhkii ah, ayay isku hayeen saami-qaadashada dhulka Soomaalida oo ay ugu dambayntiina, sannadkii 1897-kii[39], ku kala hagaageen. Intii

---

[39] I. M. Lewis, A Modern History of the Somali, Westview, 1988,Third edition, P 56

ay isku hayeen ayna wadahadallada ku jireen, dadka Soomaalida marna tirada ku ma ay daraynin, waayo, ma lahayn quwad urursan iyo cudud midaysan oo u suurogelisa in ay dhacdada socota saamayn ku yeeshaan. Sida ay dawladaha shisheeye u la falgaleen reeraha Somaliland baa wax badan tilmaamaysa. Dawladahani waxay la kulmeen qabaa'il abtirsiinowadaag ah oo hoos ugu sii qaybsama tiro aad u badan oo ah jilibbo iyo jibsino giddi kala wada madaxnaan; isla markiina dilka, dhaca iyo dirirta gudahoodu ay joogto tahay. Mar haddii aanay cod ka dheexeeya lahayn, qolo walba halkeeda ayay ugu tageen oo wadahadal iyo heshiis u la galeen. Boqortooyada Ingiriis oo hormood ka ahayd loollanka qabsashada dhulka Soomaalida, dhammaadkii sannadkii 1884-kii, waxay dhammaystirtay heshiisyadii ay la gashay qolyaha *Ciise, Gadabiirsi, Habar Garxajis, Habar Awal iyo Habar Toljeclo*[40]. Faransiisna isla sidaas oo kale, waxa uu heshiisyo la galay labada qolo ee *Ciise* iyo *Cafar*. Boqortooyada Itoobiya ayadu wax wada hadal ah la ma galaynin qabaa'ilka Soomaalida. Dawladaha Yurub ka yimid ayay kala xaajoonaysay arrintaas. Mawqifkeedu waxa uu u dhacayay dhulka oo ay toos u doonayso. Runtii qabiilooyinka Soomaalidu, marka ay isu dhiibayeen dawladaha Yurub ka yimid ee ay heshiiska la gelayeen, waxa ku riixayay laba halisood. Midi waa Xabashida dhulka sida joogtada ah ugu soo durkaysay, oo dadka gumaadaysay xoolahana ka xabbaadhaysay[41]. Ta kale waa dilka iyo dhaca dhexdooda joogtada ahaa iyo utunaha aan hadhin ee ka dhalanayey. Mushkiladdan dambe oo aanay u hayn awood dhexe oo ka baxsan xidhiidhka loogu kala jabayo abtirsiinta sokeeye iyo shisheeye, ayaa ayaduna ku riixasay in ay heshiisyadaas

---

[40] I. M. Lewis, A Modern History of the Somali, Westview, 1988,Third edition, p 46
[41] I. M. Lewis, A Modern History of the Somali, Westview, 1988,Third edition, p 47

galaan; taas oo muujinaysa in ay waagaasba dareensaayeen baahida ay u qabeen dawlad dhexdooda timaadda. Si kasta oo ay noqotaba, madaxbannaanidooda (in ay Xabashi ka badbaadaan) iyo daawaynta colaadaha dhexdooda ayaa tolwadaagahan ku khasbay hashiiska ay la galeen shisheeyaha Yurub ka yimid.

Waxaa halkan ku jira ifafaale ah maadi-meelayn oo daymo gaar ah mudan (in kasta oo aan halkani meesheedii ahayn). Waxa weeye dal iyo dalal Soomaaliyeed oo xuduud cayiman leh oo qarannimo sheegtaa ma jireen, haddii aan dawladaha *gumaystayaashii* Ingiriis, Talyan iyo Faransiis, waagaas dhulkan qaybsannin oo xuduudo iyo xukun dawladnimo ku soo kordhinnin. Runtii taas la'aanteed, lamahuraanku waxa uu noqon lahaa Itoobiya oo si buuxda u qabsata dhammaan dhulka Soomaalida. Itoobiya waagaasba si xoog leh ayay u dhul-durugsanaysay. Degaanka reerka Ogaadeen dhammaantii laga la ma gorgortamaynin. Woqooyiga oo ah Somalilandta maanta, waxay Ingiriiska ku cadaadinaysay in ay xadkeeda, ugu yaraan, Hargeysa ku sinto. Dhinaca koonfurta waxay ciidammada Itoobiya gaadheen oo hore uga sii socdeen ilaa Luuq oo uu aakhirkii Talyaanigu ka soo waabiyey. Waxa hadalhayska Soomaalida ku badan, 'dhulkii Soomaalida ayuu gumaysigii shisheeye googooyey oo dawlado kale ku daray'; waa run; dhulkaasi se waxa uu u muuqday dhul aan cidi lahayn. Waayo, cod Soomaaliyeed oo la tixgeliyaa ma imanaynin goobta dawladahu ku wada hadlayaan. Sidaas darteed, xuduudda gumaysigu dhigay baa horseedday in 1960-kii, iyo ka dib, la arko qaran magaca Soomaali sita iyo dawlad la yidhaa Jabuuti. Haddii dhulka Soomaalida, xataa gobol ka mid ah, uu ka jiri lahaa urur dawladnimo, si kale ayay wax u dhici lahaayeen, madhaxuna si kale ayuu noqon lahaa. Ma dhacin oo waxaa guuldarrada sababay dhaqanka dawlad-la'aaneed. Dhul aan lahayn dawlad xukunta, waa dhul aan cidi lahayn. Waa xeerbeeg sugan taasi. Guuldarraduna waa ayada. Guuli waxay ku iman lahayd hannaan dawladeed oo ay Soomaalidu u la tagto dawladaha shisheeyaha; guuldarrada iyo sababta keentay waa mid oo taas ayuun bay ahayd.

Ha yeeshee, waaguna waayihiisa ayuu lahaa. Waa waagii hanqalkaca gumaysiga Yurub ee yimid kacdoonkii cilmiga iyo teknolojiyadda dabadii, kaas oo si weyn u saameeyey dhaqaalaha dalalka reer galbeed iyo dhulballaadhsigii ka abyamay. Hab dhaqaale iyo hub dagaal oo hor leh ayuu gumaysigu kaga lib helay boqortooyooyin xoog lahaa oo qarniyo jiray. Imbiraadooriyaddii Cusmaaniyadii Turkiga, Hindiya iyo Shiinaha ayaa ah tusaale runtan laga dheehan karo. Sidaa darteed, waxa ay u badan tahay ama hubaal u dhow, dawlad Soomaaliyeed, haddii ay jiri lahayd, in aanay u babacdhigteen quwadda dawladaha Yurub; ha se ahaatee, dhulku ma noqdeen mid aan cidi lahayn oo la iska ma qaybsadeen. La arkee in uu dhulku meel keli ah wada mari lahaa oo uu aakhirka ka soo wada noqon lahaa.

Fikir iyo Farsamo
Sayid Maxamed Cabdulle Xasan malaha daleesha madhan wuu buuxin lahaa, haddii uu ka dhabayn lahaa Soomaalinnimo ama islaamnimo (ama labadaba) uu ku mideeyo dadkii uu halganka ugu baaqay. Ha yeeshee, ma dhicin oo wuu ka baaqday in uu Soomaali u yeelo cod iyo cudud mid ah oo uu ku waajaho quwadaha cadowga shisheeye; ugu dambayntiina waa la jebiyey. Waxa ay ila tahay guuldarradaas laba wacaaloodba waa laga sahamin karaa. Midda hore ee door-horraadka ahi waa dhismihii bulsho siyaasadeed ee qabiilooyinka reerguuraaga

Soomaaliyeed iyo dhaqankeedii dawlad la'aanta ee aynu kor ku soo faahfaahinnay. Midda kalena waa Sayid Maxamed Cabdulle Xasan oo awoodi waayay in uu ka kor maro qaybsanka qabiilooyinka iyo reeraha isu colka ah iyo dhaqankii dirirta iyo dhaca dhexdooda ahaa. Isla dhaqankii dawlad-la'aaneed ayuu ku dagaal galay; sidaas darteed tubtii hoggaaminta Sayidka ayaa ayaduna meesha ku jirta. Runtii way adag tahay in kaalinta Sayid Maxamed Cabdulle xasan iyo ta dhaqankii dawlad la'aaneed ee abtirsiinwadaagta Soomaalida la kala saaro, waayo Sayidku isla dhaqankaasi ayuu ku dhaqmayay oo uu cabbirayey. Waxa uu lahaa adduun-araggii, dareen-qaadkii, falkii iyo falcelintii uu lahaa nin reerguuraa ah oo Reer Hebel ahi.

Inta se aynaan labada wacaalood hoos ugu daadegin, aynu milicsi kooban u yeelanno awaalo xilligaas jiray oo ku talagalka Sayid Maxamed Cabdulle Xasan ka baxsaday; taas oo lafteeduna dhinac ka tilmaamaysa faldhaqankii lagu yaqaannay dagaalyahankii reerguuraaga Soomaalida ee aan xeerin jirin wax ka baxsan asaga iyo halyeyeynimada uu sheegto.

Sayid Maxamed Cabdulle Xasan, markii uu ka yimid Maka iyo Sheekh Maxamed Saalax, waxaa carrada ka jiray ammuuro caqabad ku ahaa ujeeddadiisa, kuwaas oo aanu deymo u yeelanin ama uu fudaydsaday. Midda hore waa baahida nabadda tolwadaagaha dhexdooda oo meesha taallay, mudnaanteedana lahayd. Midda kale, waa heshiiska ay tolwadaaguhu la galeen Ingiriis oo kaga badbaadeen ciidamadii Xabashida ee dhulka qabsan lahaa, Mushkiladdaas oo cabsi weyn dadka ku haysay, joogintaanka Ingiriiska yay kaga samato baxeen. Haddii uu Sayid Maxamed Cabdulle Xasan arrinta wacyi u yeelan lahaa oo uu nabadda reeraha Soomaalida dhexdooda iyo halista duullaanka Xabashida mudnaantooda arki lahaa, ta gumeysiga cadna, ugu yaraan, dib u dhigan lahaa, Ingiriiska laga ma door bideen. Waxa ay dad badan oo waqtigaas joogay u arkeen Sayidka iyo Daraawiishta sida kale; waayo ciidankii Daraawiishtu nabadgelyodarro ayuu sii kordhiyey.

Ta labaadna, danta waagaa Ingiriis lahaa ee xeebta Soomaalida keentay waxay ahayd hilibka xoolaha Soomaalida oo uu ugu baahnaa ciidankiisa Cadan fadhiyey. In xoolaha Soomaalidu nabadgelyo kaga yimaaddaan gudaha dhulka Soomaalida oo ay ka soo dhoofaan xeebta Berbera, Saylac iyo Bullaxaar, ayuu Ingiriisku aad u danaynayey. Heshiiska uu tolwadaagaha la galayna taas buu suurogeliyay. Ganacsiga xoolaha, markan waxa ka dhashay dhaqaale-koboc door ah oo heerkii nolosha ee dadka, ilaa xad, kor u qaaday. Kolka uu Sayidku Berbera imanayo, tiro ishin gaadhaya ilaa 1000 neef iyo adhi 80,000 ah, ayaa sannadkiiba Cadan u dhoofayey[42]. Waxaa kale oo furmay ganacsiga badeecadaha dharka, timirta iyo cuntada kaleba leh oo ka soo degayay dekadda Berbera, taas oo dabooshay baahiyo dadku lahaa. Tanina tixgelin ayay mudnayd; Sayid Maxamed Cabdulle Xasan se wuu fududaystay; bal waxay ka mid ahayd waxyaalihii uu dadka Reer Berbera, gaar ahaan culumada, ku dhalleecaynayey.

Tu saddexaadna, Sayid Maxamed Cabdulle Xasan, waxa uu Maka kala yimid dariiqada Saalixiya oo aan hore dhulka looga aqoon. Sida ay ku warramayaan qoraallada I. M. Lewis iyo Saciid Samatar, waxa uu magaalada Berbera toos

---

42 Said S. Samatar, Oral Peotry and Somali Nationalism, p 106

dadka ugu boorriyey in ay soo galaan dariiqada cusub. Dhinacaas se daleeli ka ma jirin oo dariiqooyinka Qaaddiriya iyo Axmediya ayaa jiray oo xididdo adagna ku lahaa carrada. Waxaa Berbera joogay culumo Qaaddiriya ah oo magac weyn leh, cilmi iyo cibaadana lagu majeerto oo aad loo xurmeeyo. Culamadaas oo uu ka mid ahaa Sheekh Madar, Sheekhii Qaaddiriyada Hargeysa ee waagaas[43]. Sayid, Maxamed la ma kulmin bilowgii uu magaalada Berbera yimid ee toos buu ugu tallaabsaday dacwaddiisa ka soo hor jeedda Qaaddiriya. Aqoonyahannadii darsay taariikhdii Ina Cabdulle Xasan iyo Daraawiishtiisii, waxay isku raacsan yihiin, in dadka Reer Berbera, si weyn, uga dhego-adaygay dacwadda cusub ee Sheekh Maxamed Cabdulle Xasan. Isla markii, baaqiisa ku liddiga ah Qaaddiriyadu waxa uu dhiilo geliyey culumadii waaweyneyd ee magaalada[44] [45]. Ta muhiimka ahi waxa weeye tixgelin-la'aanta iyo runtii, colaadinta dariiqooyinkii iyo culumadii waaweynayd ee nufuudda lahayd waxay abuurtay caqabad xoog leh oo ku liddi noqota dhaqdhaqaaqii Daraawiishta. Lababa wuu heli karay; in uu tooda galo oo Axmediya ama Qaaddiriya noqdo; iyo – haddii ay ku adkaato, waa sida ay u badnayde – inuu muran dariiqo ku saabsanba hadhka uga dhaco oo uu muslinnimada iyo magaca dalka ugu yeedho in lagu walaaloobo oo lagu halgan galo. Mowqifkiisu ma noqon sidaas ee waxa uu keenay isaseeg iyo collow dhex yimaada asaga iyo culumada iyo dadkii raacsanaa.

Intaasi waa awaaleha jiray, markii Sayid Maxamed dhulka yimid ee tixgelinteedu seegtay. Aynu hadda u gudubno

---

[43] I. M. Lewis iyo Said S. Samatar

[44] I. M. Lewis, A Modern History of The Somali, bogagga 66 iyo 67

[45] Said S. Samatar, Oral Poetry and Somali Nationalism, bogagga 106 107

wacaaleyaasha dhab ahaan, si toos ah loogu celin karo jabka xarakadii Daraawiishta ee uu hoggaaminayay Maxamed Cabdulle Xasan.

Marka hore, Sayid Maxamed Cabdulle Xasan, qof ahaan, waxa uu ahaa nin qayrkii wax badan dheeraa oo ka mudh baxay. Waxa uu kulansaday dhawr kaalimood oo aanu soojireenkii dhaqanka reerguuraaga Soomaalidu ku kulmin jirin nin keli ah. Waxaa uu ahaa wadaad arrimaha diinta looga dambeeyo; waxa uu ku darsaday kaalinta abaanduulaha dagaalka. Waxaa u dheeraa laba kale oo ahaa kaalinta hoggaamiyaha ka taliya arrimaha siyaasadeed iyo gabyaaga kowaad ee beelo kiciyaha ah. Soojireenka dhaqanka Soomaalida, raggu wadaad iyo waranle ayuu kala ahaa; wadaadka dagaalka lagu ma hallayn jirin mana uu gelin jirin, haddii aan dani gelinin. Odaynimada iyo wadaadnimaduna way kala soocnaayeen oo magac oday mooyee, magac wadaad talada reerka lagu ma geli jirin. Odayga taliyaa dagaalku ka ma reebbanayn, wadaadka se lagu ma jeclayn. Duullaanka, dhaca iyo boolliga xoolahana wadaadku wuu ka caagganaa. Sayid Maxamed xeerarkan wuu jebiyey, waana lagu qaatay ee lagu ma dhalliilin. Gabay dagaal oogaya ama ku baaqaya duullimaad aargoosi ah, wadaadka laga ma aqbali jirin; bal waa lagu cambaarayn jirey. Sayid Maxamed Cabdulle Xasan, marka gabaygiisa la wada dhegaysanayo, wadaadnimadiisa la ma xusuusanaynin; ilaa maantana waa sidaas. Sabir iyo hal-adaygna waa uu lahaa oo laba toban guuro ayuu dagaal ku jiray. Wax kasta oo ku dhacay, isma dhiibin, bal sida ka muuqata gabayga Talo Ogaadeen ee uu tiriyey gabaygii Dardaaran dabadii, waxa uu rabay in uu soo rogaal celiyo. Waxayna u badan tahay in uu isku deyi lahaa ee horteed buu allaystay (Alle ha u naxariisto).

Guuldarradu Waa Tuma Iyo Maxaa Keenay?

Waxaa badiba dadka meel soke uga muuqda jabkii, sannadkii 1920-kii, Daraawiishta xagga dagaalka kaga dhacay. Guuldarradani se, dhab ahaan, waa isla tii, ka hor Sayidka iyo Daraawiishba, ku dhacday qabaa'ilka tolwadaagaha Soomaalida, markii ay jiritaan mid ah kala hortegi waayeen xoogaggii shisheeye ee debedda kaga yimid. Waxaa markanna jabay waa isla dhaqankii dawlad-la'aaneed oo marxalad kale u soo jiitamay. Sayid Maxamed Cabdulle Xasan, haddii uu ku guuldarraystay in uu shisheeyaha ka saaro dhulka Soomaaliyeed, waxaa ugu wacnaa dhaqankii dawlad-la'aaneed buu asaguba ku dhaqmay oo si weyn ugu falgalay. Sidaas darteed dagaalkiisii baa ku limmaday filqankii reero-reerowga iyo dhaqankii colaadaha tolwadaagaha Soomaalida lagu yaqaannay.

Dagaal la la galo Ingiriis, Talyan iyo Xabashi hortii, qaddiyada koowaad ee halganku waxa ay ahayd Soomaali isahaanshaheeda bulsheed iyo siyaasadeed, garaadkeeda ummad ahaaneed iyo magaca dhaadashadeeda. Taas dhabaynteeda ayay guushu ku xidhnayd. Mana ahayn taasi wax sahlan oo mar keli ah dusha lagaga iman karo. Inta aanay cadowga debedda kaga soo duulay ka guulaysan, waxa ay ahayd in ay, marka hore, nafteeda ka guulaysato. Ku ma fillayn in dhakhso, qabaa'ilka laga soo buubiyo fadaldheere dagaallama oo xero Darwiisheed lagu shubo, dhakhsana loo hubeeyo oo loo dagaal geliyo[46]. Waxay guushu ku iman lahayd in waqti badan la geliyo isu-keenidda dadka iyo in lagu mideeyo ruux Soomaalinnimo iyo islaannimo; ayna taas isugu hiiliyaan oo isugu

---

[46] Sheekadu u ekaa jabhadihii siddeetanadii qarnigii 20aad la dagaallamayay Siyaad Barre

hilloobaan. Waxayna ahayd in hoggaanku taas kudhaqankeeda, qowl iyo ficilba, yeesho. Waxay ahayd in qiyamta iyo dawraacyada ay xaruntu ku dhisan tahayna, taas noqoto. Waxaan ka wadaa in hoggaanka, oo uu Sayidku kow ka yahay iyo ciidanka Daraawiishtuba, ka kor maro oo uu shiikhiyo xidhiidhada hiilada tolliimo iyo dhaqanka ku dhisan isu-xoogsheegashada, utunaha dagaal iyo dhaca dhexdooda ee joogtada ahaa. Bilowgii hore ee Ina Cabdulle Xasan dhex tegay qabiilka Dhulbahante, wuxuu ku dedaalay in uu qabaa'ilka heshiisiiyo oo nabadda dhexdooda wax ka qabto[47]; ha yeeshee faldhaqanka ciidan qabaa'il gaar ah ka kooban, falcelinta qabaa'ilka kale ee taas ka dhalanaysay ma abuuraynin wacyi ku dhisan dareen Soomaalinnimo iyo mid muslinnimo midna. Bal waxaa ka dhalanayay colaaddii iyo utuntii qabaa'ilka oo sii xoogaysata iyo Sayidka iyo Daraawiishtiisa oo taas ku dhex milma. Qabaa'il geddigood isu xoog sheegta oo dhac iyo duullaan dhaqan u yahay ayuu Sayid Maxamed Cabdulle Xasan ku la dhaqmay dhac iyo weerar dagaal. Sidii ay xoolaha u kala qaadayeen buu uga qaaday; godobtii ay dhexooda kaydsan jireen iyo aargoosigii ka daba iman jirayna wuu la yimid. Sawracoodii buu yeeshay. Waxay sababtay in Sayid Maxamed iyo Daraawiishi u ekaadaan qabiil kale oo xoog badan oo ku soo biiray qabiilooyinkii jiray.

Waa run oo ma hawl yara in dhaqanka ku dhisan soojireenka abtirsiinta la wadaago iyo hiiladiisa tolliimo, waqti dhow laga koro oo wacyi ummadnimo looga guuraa; ha se ahaatee, marka cadow debedda ka yimid oo dhaqan iyo diinba ka duwani soo durreeyo ee uu u xoog sheegto,

---

[47] I. M. Lewis, A Modern History of The Somali, 1988, P68

qiirada waa lagu midayn karaa, waana lagu midayn karayay. Laba tobanguuro oo kali ah ka dibba, waa tii la arkay ee lagu mideeyey qiiradii *"Soomaalidu ha noolaato"* iyo *"Qabyaaladdu ha dhacdo"*. Dhaqankeeda ayay ka mid ahayd in ay isu diddo, marka cadow shisheeye ku yimaado ee qayladhaantu soo yeedho; waxay se ku xidhan tahay talada iyo tabaha marba lagu la falgelayo waayaha gaar ahaaneed ee jira iyo wacaalaha ay tahay in la tix geliyo. Sidaas darteed, ta mudnaanta kowaad lehi ma aha kaalinta keli qofeed iyo fikirkeeda, Maxamed Cabdulle Xasan oo kale.

Runta u horraysa ee aynu halkaas ugu tegaynaa waa dhaqankii dawlad-la'aaneed oo markanna asagu is buriyey oo cududihiisii is jebiyeen. Waxaa taas keenay dhaqdhaqaaqii Daraawiishtu ka ma muruxsanin oo ka ma kor marin dhaqankii dawlad-la'aaneed, taas awgeed ayay guuldarradii dhaqankaasi mar kale u soo noqotay. Waxa aynu xaqiiqadeeda ka daliishan karnaa qodobbo ay ka mid yihiin haybsheegashada iyo hiilada tolliimo ee wacyiga dadka kaga gudban abtirsiin qoomiyadeed iyo mid diineedba. Dagaalka iyo dhaca xoolaha siiba geela oo qabiilooyinka dhexdooda joogto ahaa, waxa uu u muuqanaya, run ahaan, il laga helo dhaqaale, faan iyo sharafna lagu kasbado. In kasta oo ay muslim ahaayeen, haddana qabiilada Soomaalida ee raacatada ahayd, dhaqan ahaan, dilka shisheeyaha iyo dhaciisa, diin kaga ma waaban jirin ee waa lagu faanayey, habrashada cadowga ayay uga dan lahaayeen oo difaacooda ayay ka mid ahayd.

Falalka ciidamadii uu Sayidku abaabulay ee uu magaca Daraawiishta u baxshay, waxa uu lahaa dhaqankii dhaca iyo aargoosiga qabiil. Taasina saamayn taban ayay ku lahayd dhaqdhaqaaqa Daraawiishta; in badanna qabaa'ilkii ay taasi ku dhacday way ka dideen Sayid Maxamed Cabdulle Xasan iyo Daraawiishba. Colaadaha leh dhaqankii tolwadaagaha reerguuraaga Soomaaliyeed waxa ay ahaayeen ifafaale ku ladhan xarakadii Daraawiishta intii ay jirtayba. Tusaalayaasheedu ayaga oo badan, waxaa ka mid ah, 1899-kii, markii u horraysay ee Sayidku ku baaqo jihaad la la galo gaalada kiristaanka ah, Burco ayuu isugu keenay ciidan ilaa 5000 ah[48]. Hawlgalkii u horreeyeyba ciidamadaasi waxay u jeesteen Habar Yoonis galbeed oo ay markiiba dil iyo dhac kaga bilaabeen banka Aroori. Sida uu ka warramayo Douglas Jardine, waxa ay ku fool lahaayeen Oodweyne. Dad badan ayay laayeen oo dhaceen; waxayna ragga ku qasbayeen in ay Ciidammada Sayidka ku biiraan. Dagaallo ba'an dabadeed se waxay ku soo noqdeen Burco[49]. Si la mid ah ayuu Said S. Samatar uga warramayaa dhacdadan[50]. Isla waqtigaas, wax yar ka hor, ayay weerareen oo dhulka la simeen dariiqada Sheekh oo ahayd Qaaddiriya.

Burco, markii uu Sayid Maxamed dadka la hadalayey ee uu abaabulka ciidammada Daraawiishta ku hawlanaa, Soomaalida aan ku biirin, waxaa lagu dhawaaqay in ay yahiin *kaafiriin*[51]. Ciidanka uu marka horeba watay oo reer miyi qabiil soocan ahaa ama u badnaa, lana dhex keenay qabiil ay dhac iyo colaadaba u horreeyeen, dhibaatada aargoosiga iyo dhaca dadku, la ma seegaan ayay ahayd; gaalayntu, markaas, waxa ay u muuqanaysaa ujeeddo ah xalaalaynta dhaqankii dhaca ee soojireenka ahaa. Ciidanka xooggiisu, kolkiisa horeba, waxa uu ahaa xoolo-doon.

[48] I. M. Lewis, A Modern History of The Somali, 1988, P69
[49] Douglas Jardine, The Mad Mullah Of Somaliland, Herbertjenkins Ltd, Reprint 2013, P 43
[50] Said S. Samatar, Oral Poetry and Somali Nationalism, Cambridge Universit Press, 1982, p 117
[51] Douglas jardine, The Mad Mullah of Somaliland, Herbettjenkins LTD, Reprint 2013, P 43

Meesha uu wax weyn ka filayeyna waxa ay ahayd Berbera.
Sidaas darteed, markii taas la waayay ayay tiro badan oo
ciidankaas ka mid ahayd ku jeesteen dhaca dadka.

Dilkii Garaad Cali Garaad Maxamuud, (Garaadkii guud ee
Dhulbahante), dabadii oo xoog badan oo Dhulbahante ahaa
ka dareeray Sayidka, waxay Daraawiishi u guurtay
degaanka qabiilka Ogaadeenka[52]. Hub iyo rasaas badan oo
uga yimid Jabuuti iyo Boosaaso, ayaa Sayidka u
suurogeliyey in uu isu keeno ciidan xooggan oo Ogaadeen
ahaa. Bishii Maarso, 1900-kii, waxa uu ciidanka
Daraawiisheed ku guulaystay ay soo celinta xoolo aad u
badnaa oo Xabashidu ka xabbaadhay Ogaadeen, kuwaas oo
ku xeraysnaa xero Jigjiga Xabashidu uga samaysay[53].
Guushani magac iyo hirshaba way u soo hoysay Sayidka iyo
Daraawiishba. Hirashadaasi se ma sii socon, waayo
dhaqsaba hubkaasi, waxa uu u adeegay dareenkii colaadda
iyo dhacii soo yaallay ee tolwadaago ka mid ah Isaaqa iyo
Ogaadeenka. Bishii Juun 1900, ciidan xooggan oo hubkii
Daraawiishta sita ayaa geel 2000 gaadhaya ka dhacay qolada
Ciidagale (waa geela la baxay Dayax Weerar); isla markii,
waxay ciidamada Daraawiisheed bilaabeen in ay ka
budhcadeeyaan dhabbadii safarrada ganacsiga ee dhulkaas
marayey[54]. Waxaa ka dhashay dhulkii daaqa ee xilliga guga
iyo xagaaga la degi jiray oo reeraha Isaaq uga qaxaan
ciidamadan Daraawiisheed ee sida xooggan u hubaysnaa.
Tanina mar kale, waxay ka muuqaalcelinaysay oo ay sii
xoojinaysay dhaqankii isu-xoogsheeshada, dilka iyo dhaca
ee reeraha Soomaalida; waxayna si qumman u gudbinaysay
dhambaal ku liddi ah oo runtii burinaya nuxurka jihaadka

[52] I. M. Lewis, A Modern History of The Somali, 1988, P 70
[53] I. M. Lewis, A Modern History of The Somali, 1988, P 46
[54] I. M. Lewis, A Modern History of The Somali, 1988, P 71

uu Sayidku dadka ugu yeedhayey. Lamahuraankuna waxa uu noqday in dadka taasi ku dhacday u dido dhinaca Ingiriiska oo ammaan bido. Hubkii iyo ciidankii la maqlay, in jihaad lagu la galayo xoogaggii Ingiriis, Xabasha iyo Talyan, natiijo kale ayuu keenay, waayo waxa uu waaribyey oo heer fog geeyey colaadihii qabaa'ilka. Haddii lagu doodi karo in aanu Sayid Maxamed Cabdulle Xasan u kasin u na socon taas, runtu waxa weeye, falku waa dhaqankii aargoosiga wadarta Reer Hebel; Sayidkana la ma sheegin meel uu kaga hor yimid ciidankiisa arrintaas; sidaas darteed, oggolaanshihiisa meesha laga ma saari karo. Masafadiisii caanka ahayd ee *"waar Suudow dagaalkana anigu dooni maayee"* waxa ku jirta hawraartan tidhaa: *"Dayax Weerar waa hore rag baa igu duquuloo"*. Aw Jaamac Cumar Ciise, asaga oo ka hadlaya waqtigaas asaga ah, waxaa uu sheegayaa in Sayid Maxamed la soo baxay tabo ay ka mid ahaayeen "dil, dhac, xaraash iyo xukun Sayidka ku siman"[55].

Xooladhaqatadii Isaaqa oo ku soo ururay dhulkii ay xilliga jiilaalka ka ceel fadhiisan jireen, kana cabsanaya xaaluf xooluhu lee'an doonaan iyo macaluul dadka haleeli doonta, ayaa Ingiriiskii ka codsaday in uu hubeeyo. Tii ka dhalatay hubkii Daraawiishta ee gacanta Ogaadeen galay ayay tanina keentay. Dagaallo iyo dhac iyo nabadgelyadarro ayaa ka kordhay[56] [57]. Waa lagu sii kala fogaaday oo waciyigii colaadaha qabiil baa kor u sii kacay. Waa dhaqankii dawladla'aaneed oo labadaraadleba sii xoogaysanaya. Ciidamadii Daraawiishta iyo hubkoodii wuxuu keenay oo kor u sii kaciyey nabadgelyadarradii laga hoos galay Ingiriis.

---

[55] Aw Jaamc Cumac Cumar Ciise, Taariikhdii Daraawiishta, b. 27
[56] I. M. Lewis, A Modern History of The Somali, 1988, b 71
[57] Douglas Jardine, The Mad Mullah of Somaliland, Reprint 2013, b 47

Tusaale kale waa waayahii la baxay *Xaaraamecune*. Bishii Nofembar 12-keedii, 1910-kii, ayay dawladdii Ingiriisku go'aansatay in ay ciidamadii Rakuubleyda (Camel Corps) dib uga soo gurato gudaha Maxmiyadii Somaliland, kuna soo ururiso magaalooyinka xeebta[58]. Go'aankan waxaa keenay Xukuummadda London oo dhibsatay lacagta faraha badan ee kaga baxaysay ladagaallanka Daraawiishta Ina Cabdulle Xasan, si kalena xaaladda u qiimaysay. Sidaas darteed ayuu go'aanku farayay in la hubeeyo tolwadaagaha uu Ingriisku heshiiyada la galay, si ay isaga dhicin karaan weerarrada kaga iman doona Daraawiishta; isla mar ahaanna, in reer walba talada arrimahiisa loo daayo odayadiisa[59]. Odayaashii ayaa sidaa lagu wargeliyey, hub iyo rasaas, fardo iyo baqlana loo qaybiyey. Waxaa kale oo lagu wargeliyey in ay wixii dhibaato dhexdooda yimaadda ku maareeyaan xeerarkoodii soojireenka ahaa, nabadda gudahoodana ay ayagu xejiyaan oo aanay Ingiriisa ku hallaynin.[60]

Ingiriisku waxa uu malaynayay in aakhirka reeruhu is-habayn doonaan oo uu dhexdooda ka soo bixin doono hoggaamiye xirrib iyo xeelad iyo haladayg ku hagi doona reerahaas, cududdoodana midayn doona. Waxaa se uu ahaa male aan lahayn dallo uu cuskado. Qolyaha abtirsiinwadaagta Soomaaliyeed, xidhiidhka tolliimo ee ay isu gu hiiliyaan bay, isla markii, ku kala tagaan oo ku kala noqdaan shisheeye iyo sokeeye; ka mana soo dhex bixi karto suldad ku hoggaamisa awood dhexe oo xooggani. Waxaa xukumi karta quwad aan abtirsiin ahaan, u kala dhaweyn qolyaha ay kala sheegtaan oo debedda ka wada ah; sida

---

58 IDEM, b 193
59 IDEM, b 193
60 IDEM p. 195

dawladaha yurub ka yimid. Quwaddaas oo xoog ku muquunisa, ayna ilaa xad, danahooda ka arkaan, ayay u hoggaansami karaan; kii se ayaga ka soo jeedaa waxa loogu abtirinayaa jilib iyo jibsin hoos u sii socota oo eexadeeda tolliimo ayaa markiiba dhinac u raraysa. Sidaa darteed ayagu isu ma hoggaansami karaan. Mana aha taasi mushkiladdii waayo hore ee waa tu ilaa maantadan taagan. Wixii dhacay ee la baxay *Xaaraamecune*, ayaa taas, dhaqsaba, ka marag kacay.

Hubkii qabaa'ilka u gacangalay, isla goortiiba, waxa uu keenay nabadgelyadarro tii u darrayd. Intii godob iyo utuno duugowday reeraha dhex tiil iyo dhaqankii xoogga lagu taagsan jiray iyo dhacii ragannimada ahaa, ayaa loo adeejiyey hubkii la helay. Duullaanka qabaa'ilka iyo reeraha, dilka iyo dhacu, heer kasataba, wuu u degay oo jibsinta gudaheeda ayuu tegay. Wax kastaba waa la isku weeraray oo ilaa marada ayaa lagu dhintay. Waddooyinkii safarrada ganacsiga ayaa budhcad loo mari waayey: xoolahii, haraggii, subaggii iyo xabagtii baa gaadhi waayay xeebtii laga dhoofinayay oo cuntadii iyo maryihii baa u gudbi waayay gudihii dalka. Waxaa ka dhashay macaluul tiro badani ku naf weydey. Douglas Jardine, buugga Mad Mullah, waxa uu xusayaa in marka saddex meelood loo dhigo, hal meeli raggu ku dhinteen xaaladda colaadeed ee Xaaraamecune la baxday[61]. Maatada macaluusha u dhimantayna way dheer tahay.

Sayid Maxamed Cabdulle Xasan, isla waagan ayuu ka soo guuray Carro Majeerteen oo uu ku joogay heshiiskii uu Talyanka la galay 1904-tii; wuxuuna ku soo laabtay

---

61 IDEM, P 198

Maxmiyaddii Somaliland. Waa markii uu Taleex ka dhigtay xarunta ee uu qalcadda adag ka dhistay. Waxa uu ahaa waqti ay qabaa'ilkii raacatada Soomaalidu dhaqasho iyo dhuuniba waayeen, ayna si weyn ugu heellan yihiin awood dawladeed oo kala badbaadisa. Waxaa timid fursad ay Daraawiishi buuxin lahayd kaalinta uu banneeyey Ingiriiskii xeebta u guurayay. Haddii Sayid Maxamed Cabdulle Xasan dhex degi lahaa tolwadaagaha isu wada colka ah, oo uu nabaddooda gacanta ku qaban lahaa, isuna dhigo quwad dadka u dhex ah oo budhcadda qabata, hubaal dadku dawlad buu u arki lahaa oo wuu u hoggaansami lahaa. Sayid Maxamed iyo Daraawiishtiisii sida kale ayay yeeleen. Ayada oo dhibaatadii Xaraamecune taagan tahay, ayay duullaan Daraawiishtu ku qaadday degaanka Buuhoodle oo ay xoolihii joogay dareersadeen, dad badanna laayeen; waxaa ku timid dadkii xaalad macaluul iyo kala qax ah.[62]

Markii xaaladda nabadgelyo-la'aaneed iyo macaluushu heer ba'an gaadhay, ayay dawladdii Ingiriis, dani tidhi, ha beddesho siyaasaddii xeeb-u-guurka. Bishii Abriil, 1912-kii, ayay diyaarisay ciidan Rakuubley ah oo gaar loo tababaray. Ciidankan oo taliye looga dhigay Mr Rechard Corfield (Koofil ay Soomaalida u taqaan), muddo kooban ayuu wixii qabaa'ilku xoolo kala dhaceen ugu kala ceshay, ammaankii dhulkana ku xaqiijiyey. Hargeysa iyo ilaa Burco iyo inta u dhaxaysa ayaa noqday dhul nabad lagu daaqo oo lagu maro; isla markiina bariga ayuu ciidankani hore ugu sii durkayey. Ujeeddada ciidankani, sida ay sugayaan qoraalladii laga sameeyey, ma ahayn dagaal la la galo Daraawiish, ee soo-celinta nabadda ayuu ahaa.

---

62 IDEM p. 200

Isla xilligan, ayuu ciidan xooggan oo Daraawiish ahi ka soo duulayaa Taleex. Ciidankan oo 2000 iyo ka badan lagu qiyaasay, uuna hoggaaminayay Sayidka walaalkii, Aw Yuusuf Cabdulle Xasan, waxa uu galay qabaa'ilka Habar Yoonis iyo Dhulbahante ee degganaa bariga, koonfurta iyo galbeedka Burco; wixii xoolo ay hayeenna wuu ka dhacay; ka dibna gadaal iyo xaruntii laga soo diray buu ciidankaasi u jeestay. Isla waqtigan ayuu Mr R. Corfield oo wata ciidan 109 askari oo Soomaali ah iyo saddex sarkaal oo Ingiriis ahi, bari uga ambabaxay Burco. Si lamafilaan ah ayay ciidankan u kulmeen xoogga Daraawiisheed oo wata xoolihii ay soo qaadeen. Sida uu ku warramayo D. Jardine, Mr Corfield, taliyaha ciidanka waxaa lagu amar siiyey in aanu Daraawiish, haddii uu la kulmo, dagaal la gelin ee uu soo war celiyo oo keli ah; ma se yeelin. Waa uu dabagalay ciidankii Daraawiishta; waxa ayna labada ciidan isku haleeleen meesha la yidhaa Dulmadoobe[63]. Waxaa ka dhex dhacay dagaal ba'an oo ay Daraawiishi ku gacan sarraysay. Sida uu sheegayo Said S. Samatar, in kasta oo rag aad u badani kaga dhinteen, haddana guushu waxay raacday Daraawiish oo goobtii ku dilay taliyahii ciidanka Ingiriiska ee *Koofil*, xoolihii ay soo dhaceenna, la tegay[64]. Yoolka duullaankan Daraawiisheed ma ahayn Ingiriis ee waxaa uu ahaa qabaa'ilka dhulkaas dega ee aan Sayidka iyo Daraawiish raacsanayn. Waxa uu ahaa duullaan ka tibaaxcelinaya dhaqankii dawlad-la'aaneed ee ahaa adeeejinta xoogga dagaalka iyo xoolaha lagu kala dhacayo. Waana dhaqan burinaya oo meesha ka saaraya Soomaalinnimo iyo Islaannimo lagu midoobo labadaba.

---

[63] IDEM p. 223
[64] Said S. Samatar, Oral Poetry, P 133

Sidaas darteed, duullaannada sidan ahi dadka waxay ku
abuurayeen cabsi u didisa dhinaca Ingiriiska; waayo waxay
arkayeen in uu difaacayo ayaga iyo xoolahooda.

Gaalayn

Runta kale ee taariikhda gashay waa xukunka gaalnimada
ciddii ay Sayidka iyo Daraawiish colloobeen ama aan raacin
ee diidday. Mushkiladdani saamayn taban ayay ku yeelatay
halgankii uu Sayid Maxamed Cabdulle Xasan rabay in uu
shisheeyaha dhulka qabsaday kaga guulaysto. Gaalaynta
dadku waxay jidaysay dilka dadka iyo dhaca xoolahooda;
waxayna noqotay sabab lagaga sii fogaado, bal in Ingiriiska
laga la safto. Wax kasta oo kaleba waa la iska weydiin karaa;
jiritaankeedu se waa xaqiiqo sugan. Tusaale ahaan, sida uu
werinayo ninka magaciisa la yidhaa Daahir .... Cudhaadh,
geel uu ku sheegay ilaa soddon kun iyo dheeraad (waa geela
la baxay magaca Daboolane), ayay daraawiishi ka soo
dhacday Habar yoonis oo Isaaq ah. Qaybinbta geelaas
horteed, waxa laga soocay*"khusumkii Ahlul-Baydka"*. Waxa
uu ninkani codkiisa ku sheegayaa in ayada oo la sugayo
ciddii Ahlu-Bayd ahayd ee khumuska lahayd, uu Sayidku
arkay hal igadh ah oo maqaar hor yaallo, ka dibna uu yidhi,
"Saalaxda oo maala; geel xalaal lagu hubo ayaad maanta
haysaane." Mid ka mid ah gabayadii uu geelaa ka tiriyeyna
waxaa ku jiray meerisyadan oo odhanaya:

In aan maalmo kala soocay oo qumuska miidhaayey
Oo maxashi loo yeeleyoo maaro laga waayey
Ay milic kaliileed tubnayd mahad Allee sheega

Gaalayntaasi waxay damiirka dadka ku reebtay raad, waqti
dheer soo yaallay. *"Reer hebel waa gaalo"* si weyn ayay u
fidday oo loo rumaystay. Gaar ahaan dadkii fikirka

Daraawiishtu ku xididaystay, waxaa lagu qancay in qabaa'ilkii ay iska hor yimaaddeen Sayidka iyo Daraawishta ay gaaloobeen. Maansayahankeennii weynaa ee Axmed Sheekh Jaamac ayaa ii sheegay sheekadan oo uu ka hayay aabbihii Sheekh Jaamac (labadaba Alle ha u naxariisto). Waxaa uu yidhi, aabbihii waxa uu ku koray oo uu quraanka ku bartay xarumihii Daraawiishta. Markii Daraawiishi jabtay ee dadkeedii, badiba, kala firdhaday, ayuu asagu u kacay Sanaag iyo degaanka Ceerigaabo. Galab ayuu ku soo baxay niman malaha ku shirayay geed hooskiis oo markaas u saftay salaad. Waxa uu yidhi, buu yidhi, "Waxaan markii hore u qaatay in ay gaardiyayaan." Waxa uu yidhi Ilaa uu ku soo dhawaaday oo uu arkay in ay dhab ahaan, tukanayaan, wuu rumaysan waayey. Sheekadani waxa ay ku tusaysaa ilaa heerka ay dadka gashay ee la rumaystay in dadkaasi gaalo yihiin.

Sidee tani ku timid? Marka hore dhaqanka abtirsiinwadaagaha ee dhaca xoolaha shisheeyaha xalaashanayey, meesha ka ma maqna. Geela qolo kale laga soo qaado awelba ma ay odhan jirin waa xaaraan ee haddii laga dayn waayo, boolli ayay odhan jireen. Markan hubka Daraawiisheed xoolo aad u badan buu soo xero geliyey. Waa dhaqankii dhaca iyo boojimada la qaybsan jirey. Hubaal, ciidankani la'aanta xoolahaas, Sayidka xero ugu ma jireen. Ka dib se waxa qiil u noqday 'waa xoolihii gaaladii, gaalada raacday.' Sidaas darteed, haddii aanu qiilku, markii horeba ka imanin Sayid Maxamed Cabdulle Xasan, markii dambe, wuu ku dhaqmay. Marka se aynu si hoose u dhuganno waa dhaqankii ka jiray bulsho aan dawlad iyo sharci guud aqoonnin oo uu xoogga dagaalku talinayey. Gaalayntu sidaas darteed waxay ahayd aydooloojiyad weji diineed leh oo bannaynaysa ama xalaalaynaysa xoolaha ay Daraawiishi xoog ku keento (dhaqankii dawlad-la'aaneed).

Wax se kasta oo ay xoolo badan keentay, siyaasadda gaalaynta dadka kale iyo xalaalaynta xoolaha laga soo dhacaa, goldoloolo weyn ayay ahayd. Waxayna dhashay jab Daraawiish kaga dhacay qaybtii halganka ugu cuslayd ee ahayd isu keenidda iyo midaynta dadka Soomaalida. Waxay abuurtay xaalad dadkii kala abtirsiinta ahaa sii kala fogaadaan oo ay colaaddoodii sii durugto iyo in Sayid Maxamed iyo Daraawiishina colaadahaas qayb ka noqdaan, halkii ay ka ahaan lahaayeen quwad qabaa'ilka ka baxsan oo nabadayntooda u heegan ah.

Maanasadii Maxamed Cabdulle Xasan Iyo Dhaqankii Dawlad-La'aanta

Marka maansayahannimo laga hadlo, Sayidku waxa uu ahaa halabuure aan hortiisa la istaagaynin. Waqtigiisii rag badan oo curinta gabayga ku baac dheer baa jiray; ma se jirin nin la dhaafiyaa. Sunsuminta maansooyinka tirada badan isu daba jooga, dhererka iyo baaxadda tixda, aagga ujeeddooyinka ay gacantogaalaynayso, murtida iyo habka farshaxannimo ee dhiskeeda, intaba hormoodka maansadii xillgaas buu ka mid ahaa.

Waxaa la yidhaa Sayidku waxa uu suugaantiisa u adeejiyey ujeeddooyinka dagaalkiisa; ta se meesha soo galaysaa waa dulucda iyo abtirsiinta taariikheed ee suugaantaas iyo kaalingudashadeedu halka ay ku biyo shubtay. Ayada oo kooban, maanasada Sayidku waxa ay ahayd tii bulshadii dawlad-la'aaneed oo car iyo bey la'. Mana ay ahayn suugaan abuuraysa wacyi iyo ruux Soomaalinnimo; bal waxay dhidibbada u adkaynaysay isahaanshihii iyo dhaadashadii qabiilada tolwadaagta ah. Waayo, suugaanta Sayid Maxamed Cabdulle Xasan waxa ay ka mid ahayd hubkii ay Daraawiishtu kula dagaallantay tolwadaagihii Soomaalida.

Sida laga warqabo, tixda uu tiriyo maansayahanka Reer-Hebel, marka reer tolkii laga libin hayo, waxay ahayd tiratirayn, tirtirsiin, gocasho, guubaabo, godob-sheegasho iyo wax la mid ah; waxayna sidaas ku xoojinaysay isahaanta midka ah iyo dhaadashada qoladiisa. Marka uu guul hayana, waxa ay ahayd libinkufaan, iyo kudigashada iyo kuwiirsiga qolada uu ka libin hayo. Labada jeerba tixdu waxay waraabinaysay dareenka ahaanshaha reerhebelnimo. Waana sida uu ahaa dhaqanka dawlad-la'aaneed. Badanka

maansada Sayid Maxamed Cabdulle Xasan ee la hadlaysa
ama ka hadlaysa qabaa'ilka Soomaalida dhaqankaas ayay ka
tibaaxcelinaysaa oo waxa ay xoojinaysay wacyigii abtirsiinta
ee lagu sii kala durkayay iyo in Daraawiishi noqoto quwad
ah nacab hubaysan oo dhulka ku soo korortay. Tusaaleyaal
badan oo ka mid ah gabayada uu Sayidku tirayay sawirkaas
ayay bixinanayaan. Maansooyinkiisa weerarka qabiil ahi
waxa ay leeyihiin qaayasoorkii xoogga cududda dagaalka
iyo geesinnmada, ammaantii warangalka iyo dagaal-
oogaha; waxaa kale oo ku badan aanadii qof iyo qoladiisa
israacinaysay ee isku hal ka yeelaysay iyo godobtii wadarta
loo raacayey. Jidraaceeduna, mar kasta, waa si-araggii
boorrinayay aargoosiga aan loodsamaynin; libinkufaankii
iyo weliba kuwiirsigii cidda uu ka libin hayo oo ilaa tiiqtiiqsi
gaadhaya. Waxaa kale oo ay maansada Sayidku i na
tusaysaa dhaqankii jacaylka geela iyo faraska; iyo
raggannimadii dhacooda ee lagu ogaa bulshadii
tolwadaagta Reer Hebel. Ma aha oo keli ah dhaca xoolaha,
bal waa magaca geesinnimo, faanka iyo islaweynida laga
kasbado.

Tusaalayaasha la soo qaadan karo waxaa ka mid ah
tuducyadan soo socda oo aannu ka soo garoocnay tixo ka
mid ah ururintii, Alle ha u naxariistee Sheekh Jaamac Cumar
Ciise. Ta u hoorraysa ee madaxeedu yahay *gurigii dariiqaan
lahaa guluf u heensee* waa tix in badan xambaarsan dareen
gocasho iyo umal ka haya 'Shirqoolkii Gurdumi iyo
colaaddii dhex martay Maxamed Cabdulle Xasan iyo qoloda
Maxamed Subeyr (Ogaadeen).' Waxaa ka muuqata sida uu
ugu taamayo in uu ka aargoosto magaca Maxamed Subeyr.
Waxaa ka mid ah sadarran uu odhanayo:

Goglo iyo bannaanaan lahaa Geydho ka eryoode.

Qabritaharre gudub baan lahaa gaalana u xiire.
Galshee baan lahaa Reer Subeyr goborro-weyntiiye.
Haaruun gumaad baan lahaa gabadhna haw reebin.
Gufaacada horaan Dalal lahaa ugu galaalxoore.
Gurraasiyo Iljeex baan lahaa gawrac ugu jiide.
Gadhcaddaha Xuseen baan lahaa gudurigow looge.
Gorof-u-eke Raabboo an helay u ma gargaareene.
Gowsaha ka jebi baan lahaa guda qadhmuunaaye.
Gaallayska Xaylaan lahaa geli nijaaskiiye.
Gaalkii xaglaa godan lahaa garaci reer Ciise
Xasan gamas ku jebi baan lahaa goob ha jiifsado e

Halkaas ayuu ka sii wadayaa oo waxaa u gudbayaa qolyaha 'Iidoor' (Isaaq) iyo Ararsame (Dhulbahante). Waxaa uu ku gunaanadayaa guusha iyo guunyada uu Eebbe weydiisanayo.

Iidoorku waa gacal Axmaar geydhna waw qabaye
Ina Igarre inan gawracaa igu gar weeyaane

Usagana gaddoonkaan lahaa ugu galaalxoore

Ararsame gunta inan ka jaro waw guddoonsadaye;
Gildhigaanka waxa loo cabbayn inan ku goynaaye.
Gaaskii ishaarada lahaa guutadii wacaye.
Gooshliyo sangootiga berraa lagu gelaayaaye
Guullow Allahayow kuwaas igu gargaar maanta.
Geeliyo Allahayow na sii guunyadiyo reerka.

Magaca haybta ayuu dagaalka ku la jiraa oo gabayga gooddigiisa iyo u cararashadiisu u dhacayaan. Waa dhaqankii xidhiidhka tolenaha abtirsiintu midayso. Waxaa laga aargoosanayaana waa wadarta magaca wadaagta. Tududucyadan kalena waa kuwo ka mid ah dhumucda tix

uu Saalixiyada ku tirtirsiyayo kuna guubaabinayo ka
aargoosiga Maxamed Subeyr oo uu ku daba socdo
shirqoolkii Gurdumi, dil iyo dagaalba wixii ka daba yimid:

Reer Dalal ayaa doonay oo duullan bixinaaya?
Dad iyo duunyo yaa Reer Subeyr dubuq ka siinaaya?
Yaa diinta Eebbiyo sharciga diririyoo raacay?

Dakankii maaqnaa yaa lahaa saw la deyi maayo?
Saw danabbadeennii la jaray loo dubnixi maayo?
Ma dameer la raray baynu nahay didiba saw mayno!

Yey dani ka haysaa raggii Doollo lagu laayey?
Nimankii deldeley Waafir saw loogu dudi mayo?
Dudduhii Xirsi ahaa ma waan loo damqanahaynin?

Saw dagaha Haaruun ma degin ceelkii Daratoole?
Dannood saw Gurraasiyo Iljeex deero ku ma foofin?
Sow Daahirkii Aw Cabbaas deyn ku maqan ma aha?

Dayrtiyo diraacdaba ma waan la is dul taagaynin?
Dunjigiis Ogaadeen ma waan diiq la gelinaynin?
Dooyada ma waan lagu simayn Adari daanteeda?

Dooxanaha tiirka leh ma waan dhiig ka darihaynin?
Waraabaha daloombiyi ma waan darib la siinaynin?
Ma waan lagu dabraynaynin rag waa kii dedaal badane?

Waa uu ku sii fogaanayaa oo waxa uu ku dhiidhi gelinayaa
dumarka raggoodii la laayay iyo carruuraha ogoomoobay:

Waryaa dumarka aad guursateen saw dumaal ma aha?
Daa'imo carruureedna saw daaha ka ma buuxdo?
Sow ka ma deddootaan ilmada dililiqlaynaysa?

Sadarro kale oo tusaale ah, waxa aynu ka soo qaadanaynaa tixda *ma duqaynay Reer Bari wuxuu doonayuu helaye.* Gabaygan oo ka mid ah gabayda colaadda ee Sayid Maxamed Cabdulle Xasan kuwa ugu culus, waxa uu ku xidhiidhaa dagaalkii dhex maray Daraawiishta iyo isbahaysigii ay galeen Boqorkii Majeerteen ee Cismaan Keenadiid iyo Garaadkii Warsangeli ee Garaad Maxamuud Cali Shire. Dagaalkan oo Daraawiishi ku guulaysatay buu gabaygani ku saabsan yahay. Guulkufaanku, marka horeba, waxa uu ka dhadhamayaa bogaadinta gabayaannimadiisa uu araarta tixda ku raagayo iyo gabaygiisa oo aad arkayso in uu u yahay hub dagaal:

Nimanyahow dabuub gabay beryahan u ma dedaalayne;
Wax i daaray mooyee xalaa laygu soo degaye
Aan dabeebto gabaygaygu waa dab iyo baaruude.

Tuduc dheer oo ilaa saddex iyo toban meeris ah ayuu asaga iyo tiisa ku maldahayaa dirirka cawleed oo onkoday, daad soo rogmaday; dayax iyo shamsadii oo dunida iftiimisay. Marka xigana wuu baanayaa oo gartiisa ayuu halka uu asagu doonayo dhiganayaa. Sida Sayidka u caado ahayd, Alluu durraamanayaa oo isxigsiinayaa, cidda asaga ka soo horjeeddana ka durkinayaa. Waana tub uu, had iyo jeerba, ciidankiisa ku abaabuli jiray oo gabayadiisa ku badan.

Dembi ma leh cadaawaha ninkii deli ka xooraaye
Derejuu Ilaahay ka heli labada daaroode
Dubku iima naxo nimay kufriga deris wadaagaane.

Faranjiga dirayska leh kuwii diiradda u qaaday;
Iyaguba dariiqada Alliyo diinta caasiye e

Waxay noo duleedsheenna waa dooro weynaha e.

Dulmigaan bannaanayn kuwii doofil ugu hiishay'
Haddaan daayo waa aniga oo daawadii furaye;
Danabkii rasaaseed miyaan diillin kaga yeelay!

Dareemada ka badan meydka yaal didibta buureede
Dhiiggoodu sida doogsin roob waysagii duxaye;
Dugaaggii hilbaha quudan jiray loo diyaafadiye.

Nimanyahow af laba daan leh baan muranka deyneyne.
Daleelaha cidla ah laga ma shubo hadal daleeleede.
Ma duqaynay Reer Bari wuxuu doonayuu helaye!

Tusaaleyaasha tusaya dhaqankii kudigashada iyo wiirsiga, waxa ka mid ah kuwan ku jira tuducda u dambeeya isla tixdaas oo uu marka hore ku abaal sheeganayo oo ku baanayo, ka dibna si fog ugu wiirsanayo Garaadkii qolada Warsangeli ee magaca weynaa, Garaad Maxamuud Cali Shire:

Dacwad kalena waa Ina Mashire hadal aan deeqsiiyey;
Aday deyrshay maantaan ahaa duri xigaalkaaye;
Adigay dafiray sidi anoo duul shisheeye ahe;
Waa taynu derisnee adaa daawadii furaye;
Doolaalo adigawgu tegay gaalka duufka lehe;
Adigaa dariiqada Alliyo diinta caasiyeye;
Goortaan ku daayena adaa diidday nabaddiiye;
Wax dhaxaan dedaalkaa u maray deli cidhiidhyoone;
Wax dhaxaan dunqaaraha lahaa dib uga soo jooge.

Maantaa dubbii kugu dhacee duxi ha kaa raacdo!
Waadiga dagaagaye sidii dalaw u meertayso!
Ama deyrka xiro waa taqaan dabin inshaalleeye!

Ama doofil qabo caydhi waa diifta kugu taalle!
Ama quud duleeddada ka xaab dhereg haddaad weydo!
Ama daalib oo bari inuu kuu dawero uunku!
Ama duunyo raac noqo cidlaa kaaga sii darane!
Ama doonyihiyo Saaxiliyo Cadan dillaalayso!
Ama dooy u dhoof oo u carar dal an la gaadhaynin!
Ama sida dirkiinnii carshiga dogobbadaw u raaro!
Ama duurgal iyo tuugo iyo daganti uun dhawro!
Ama dahada (dabada) gaal baad tahee dacay ha kaa [...]*
Ama dooro weynow baqdaye dirir u soo joogso!

Dadkii ay Sayid Maxamed Cabdulle Xasan iyo Daraawiish
colloobeen waxaa ka mid ahaa reeraha Isaaqa. Gabayo
badan buuna ku weeraray. Sheekh Jaamac Cumar Ciise,
Diiwaanka Gabayadii Sayid Maxamed Cabdulle Xasan, waxa uu
ka warramayaa in ciidan Daraawiish ah oo xulanshi ahi geel
ka soo qaaday Xaguuga iyo Xalxalis (Carro Habar Yoonis).
Geelaas oo dadka qaar ku qiyaaso tiro ka badan soddon kun,
Sayid Maxamed Cabdulle Xasan waxa uu ka mariyey
gabayo dhawr ah oo uu giddiba ku maansoonayo guusha uu
geelaa ku helay. Isla markii, si aad ah buu ugu diganayaa oo
weliba ilaa heer tiiqtiiqsi ah ku wiirsanayaa cidda geela
lahayd. Waxa aynu taas ka toyan karnaa tix dheer oo
magaceedu yahay *Mahad Allee Sheego*. Waxaa ka mid ah
meerisyadan uu odhanayo:

Iiddoor waxaan meeriyoon malak la raadshaaba
Waxaan maylinka u looliyoon micida ruugaaba
Inaan miigihii shalay la helay mahad Allee sheego

Inaan guuto mowjiid ahoo miiraya u geeyey
Oo aan makalay duulku waa naga mutaysteene
Oo aan mareegaha u furay mahad Allee sheego.

Gebagebo ku miiskii kolkay Meydho ololaysay
Sidii muusanaw ayay nirguhu mawda ku hayeene
Madiixa iyo ololkii ka baxasay mahad Allee sheego.

Hadday soo miraadeeen kuwii maali jiray geela
Majiiraha rogaalkii inaan madhiyey oon laayey
Aan maqaddimiimtii la hadhay mahad Allee sheego.

Malaanmilada nimankii ahaa waan muquunsadaye
Magligii markaan u la baxay marada xooreene
Inay malashka laallaadiyeen mahad Allee sheego

Anna maarrihii waxan la helay kun iyo maymaye
Meydkoodu waa tuu ahaa maadha oo kale e
In waraabihii madhax ka helay mahad Allee sheego.

Colujoog midgaan buu noqodoo male ku beenowye
Kolkaan mooraduuguu ilmada maag u soo qubaye
Inuu maatadiisii u daweri mahad Allee sheego.

Maal waa la kala qaadi jiray tan iyo maanuu ahaantiiye
Aniga wax badan baa malyuun layga meersadaye
Kan se inan masaalkii la arag mahad Allee sheego.

Waa gabay aad u dheer oo muujinaya dhaqankii dagaalka qabiillada xooladhaqatada reerguuraaga Somaamaaliyeed. Waana gabay ka soo fufaya umal colaadeed, mar kasta, aadaya wadarta Reer Hebel. Waa gabay ah libinkufaan, digasho iyo wiirsi heer durugsan gaadhsiisan. Waxaa kale oo laga daliishanayaa aragtida Sayidka ee dhaca geela oo runtii ku talaxtegaysa ficilladii soojireenka dhaqanka reerguuraaga Soomaalida. Waxaa dheer xalaalaynta diineed ee uu Sayid Maxamed Cabdulle Xasan soo biiriyey. Gabayga ka sokow, inta aan la qaybin geela waxa uu ka soocay "khumuskii Ahlul-Beydka", taas oo aynu meel kale ku xusnay (in kasta oo aan malaha, la heli karin cid Ahlul-Beydkii Nabiga SCW, lagu hubo). Ayada lafteeduna faanka gabayaaga ka ma maqna oo waa ka odhanaya:

In aan maalmo kala soocay oon khumuska miiraayey
Oo maxashi loo yeelay oo maaro la la waayey
Ay milic kaliileed tubnayd Mahad Allee Sheega.

Waxa uu ka hadlayaa oo faan iyo wiirsiba uga dhigan, muddada geelaasu milicda tubnaa ee lagu maqnaa ciddii khumuska la siin lahaa, ayna kuwii lahaan jiray dagaal ugu soo rogan waayeen. Waa luqadii uu dagaalyahan geel-qaad ahi ku la hadli jiray qolo kale oo uu ka libin hayo. Waana afkii uu ku hadli jiray dhaqanka dawlad-la'aaneed. Waa tusaalaha wacyi iyo garaad aan dawladnimo higsan karin.

Tixda lagu magacaabay *Gudban* iyo *Gaalo-leged* oo ka mid ah kuwa ugu mudan maansada Sayid Maxamed Cabdulle Xasan, ayaa si urursan u soo dhigaysa nuxurka xidhiidhka dhex maray Daraawiish iyo dhammiba dadka Soomaalida, intii ay is gaadheen. Dhammiba tolwadaagaha Soomaalida ee ay Daraawiishi raad ku yeelatay, way colloobeen oo waxaa dhexdooda ka dhacay dirir, dil iyo dhac utun reebay. Way jireen kuwo ay waqtiyo Daraawiishta nabad ahaayeen iyo kuwo la saftayba; midnaba se isku ma ay raagin oo colaaddooda ayaa dambaysay. Ogaadeen, siba Maxamed Subeyr oo dhibaatada Xabshida darteed soo dhaweeyey Sayid Maxamed Cabdulle Xasan, Majeerteen iyo Warsangeli, intaba waxaa jiray xilli ay la bahoobeen; waxaa se aakhirkii dhex maray dhac iyo dagaallo lagu kala guuray. Dhulbahante, dilkii Garaadka ka dib, Bahararsame iyo Reer

Hagar Aadan colaaddoodu waxay ahayd joogto. Isaaq laga
bilaabo maalintii uu Sayidku dhulku yimid, ilaa markii ugu
dambayn, la jebiyey, colaad ayay u ahayd. Tixdan ayada ah
ayaa xaqiiqadaas si aad ah u muujinaysa. Waa tix dheer oo
wax badan isu gu jirta. Qaybta hore waxa uu ku faanayaa
libinta uu Reer Bari ka soo hooyey, inta uu ka dilay iyo inta
uu guunyo ka qaaday, waxaa uu uga gudbayaa inta uu ku
fali doono kuwa kale, mid-mid. Waxay tixdani ugu jirtaa
baaniso iyo gooddin, gocasho iyo gilgilasho, is-guhaadin,
iyo gaydhasho; carasho iyo dhaarasho iyo ugu dambaysa
durraamasho Alle, in uu guusha siiyo. Waxa aannu halkan
ku soo qaadanaynaa meerisyo tilmaamaya colaadda uu u
hayo qolyaha aynu kor ku xusnay iyo ta uu la damacsan
yahay:

Godobtaydu way wada jirtaa goonyahoo idile.
Gashi niman ku leeyahayna waan daba gelaayaaye
Waxaan goosan karo anigu waan gurubsanaayaaye.

Gardarradiyo maagii i helay waan ka geylamiye
Gartay weeye dunidaba inan gelelefeeyaaye
Geyigaba waxaan doonayaa in aan gumeeyaaye.

Nin ganaananaayaan ahoon gabanna dhaafayne
Waxaan geysto oo idili way gun iyo rayrayne
Wixii guuldarraystaba naflaha waw gaggabayaaye.

Anigaba gedday igu faleen waa gaggaab culuse.
Gallad niman ka qabo lagu ma oga gebiga Daaroode;
Giddigoodba waa tay girliga igu garaaceene.

Gebogebada bari waxa ku xigi go'aha Iidoore
Guban iyo Burciyo Looyo waa gaalib weerar ahe

Gooddiga arooraa fardaha lagu garmaamayne
Gaaroodi iyo waa la tegi buurihii Golise.

Galaayuubta Hagar Aadan baan gaaddadow marine
Gembi wawgu ridi fuleyadii ganafka dheeraaye
Geeltoosiyaha waa la siin gocorradoodiiye.

Sida garow hadhuudh baan kurtii guran Ogaadeene
Galaamaha haddaynaan ka deyn goor walbaba joogta
Inshaa Alla way gudhahayaan sida gal miireede.

Isweydiinta meesha ku jirtaa waxay tahay Sayid Maxamed Cabdulle Xasan maxaa uu rabay ee uu ereygiisa maanseed u adeejinayey? Haddii uu jeclaa in uu qabaa'ilka Soomaalida ka soo gooyo shisheeyaha debedda ka yimid ee aan la diinta iyo diirka ahayn, sidee uga qarsoontay in aan maansadiisu taas keenaynin, bal ay lidkeeda keenayso? Waxaa sidaas ugu wacnaa qabiil weerar buu ahaa oo maansadiisu hub u ahayd; taasina waa suugaantii dhaqankii dawlad-la'aaneed ee lagu ogaa bulshadii tolwadaagta reerguuraaga. Falka weerarka iyo dhaca ku aaddan magaca Reer-Hebel iyo tixdiisa maanseed way is lahaayeen.

Ha yeeshee isdiiddadan si kalena waa loo malamalayn karaa oo waxaa lagu xidhiidhin karaa shakhsiyadda Maxamed Cabdulle Xasan. Maxamed Cabdulle Xasan, haddii markii hore, hiyigiisu ahaa ladagaallanka gaalada dhulka Soomaalida qabsatay, markii dambe wax kale ayaa ku soo kordhay. Ladagaallanka shisheeyaha, in kasta oo aanu ka hadhin, markii dambe waxaa kaga weyneyd saldad uu asagu ka yahay xaakin aan laga daba hadlin. Ka-dhabaynta ujeeddadan baa, Maxamed Cabdulle Xasan agtiisa mudnaanta kowaad yeelatay; wuuna ku guulaystay abuuridda kelitalin gacan bir ah ku hoggaamisa Daraawiish.

Sidee taasi uga suurogashay kooxo bulsheedyo raacato ah oo aan dhaqan iyo hidde u lahayn hab iyo hannaan siyaasadeed joogtaysan oo jaranjarada hoggoominta lagu kala sarreeyo oo lagu kala amar qaato? Sidee buu kelidii uga mudh baxay ragga abtisiinwadaagta siman ah ee tolliimada, marna isugu hilbo dirira, marna ku kala taga? Marka hore soojireenka bulshada abtisiinwadaagta reerguuraaga Soomaalidu, dhisme ahaan, sidii aynu hore u nidhi, waa qubane uu mideeyo qaayaha xoogbiirisiga iyo la-dagaallanka cadow shisheeye, weerar iyo jilibdhigba. Nolosha reerguuraaga ahi waxa ay lamahuraan ka yeeshay filqan lagu kala maqan yahay barta roobka ee la daba socdo, daaqa iyo biyaha ceelka. Wax aan qayladhaanta dagaal ahayn oo hal goob ah isugu keenaa, haddii uu jirayba, dhif buu ahaa. Waxa la hayo ama degaanka laga helo iyo baahidu marna isma daboolayn. Sidaa darteed dil iyo dhac baa dhexdooda joogto ahaa. Dagaalkoodu ciidan joogtaysan iyo hoggaan habaysan ma lahayn ee habarwacashada ayuu ku xidhnaa; isbarbar-yaaciisuna wuu badnaa. Abbaanduulihiisu geesi la bidhaansado buu ahaa ee ma ahayn habeeye iyo hormeeye dagaal. Koox-bulsheeddan qubanaha ah aad ayay u fudud dahay in laga dhex abaabulo ciidan u faruur xidhan kelitalin gacan adag ku qabata. Kalajeeddadu se waxa ay tahay isla sidaas oo kale ayay u fudud dahay in isla ciidankaasi wax yar ku kala furfurmo oo ku kala dareero.

Sayid Maxamed Cabdulle Xasan ciidan kumannaan gaadha ayuu isu keenay oo si buuxda kelitalintiisa ugu hoggaasmay. Laba wacaalood baa u suurogeliyey. Midi waa saamaynta

caqiidada diinta iyo qalqaalada dikriga dariiqada
Saalixiyada oo uu bilowgii hore, ku bixiyey waqti iyo hawl
badan, ilaa uu abuuray rag tiro badan oo caqiidada
daraawiishtu si xooggan laabtootooda u gashay. Kuwa
badani, malaha, si fog ayay u rumeeyeen awoodda Imaamka
dariiqada aan amarkiisa hadal laga soo celin karin; waxa
ayna ku qanceen in ciddii tiisa diidda ama lagaga shakiyo
xukunkeedu xalaal ku yahay in qudha laga jaro. Waxaa
sidaas ku dhisantay bulsho magaceedu yahay Daraawiish
oo si barbarro ah ugu xidhan addeecidda Sayidka. Taas
darteed, qof kasta oo ku biira bulshada Daraawiishta wuu
ka xidhiidh furmay qoladii uu ka dhashay; wuxuuna ku
khasbanaa in uu taas muujiyo, gaar ahaan, marka ay
qoladiisa iska hor yimaaddaan *Sayidka*, taas oo ayaduna aad
u badnayd. Awoodda kelitalinta Sayidku waxaa kale oo ay
ku fadhiday xoolaha badiba la soo dhaco ee gacantiisa ku
soo ururay ee uu ciidanka daraawiishta u qaybinayey.
Marka laga tago qamaamuurta Daraawiishta, badanka
ciidanka ujeeddadan dambe ayaa xerada ku haysay.

Ayada oo sidaas ah, haddana way adag tahay in la helo nin
qolada uu ku abtirsanayo ee loogu abtirinayo ee uu ku dhex
koray, si buuxda uga dareen go'ay. Sidaa darteed, inta
badan dhibaatooyinkii ka dhex dhacayeyey Daraawiish iyo
qolyihii ay colloobeen saamayn taban ayay ku yeelanaysay
Daraawiishta. Tusaaleyaasheeda waxa ka mid ah dilkii
Garaadkii Dhulbahante ee Garaad Cali Garaaad Maxamuud
iyo xooggii qolada Dhulbahante ee ka dareeray xerada
Daraawiishta. Waxaa ayana tusaale kale ah tii ka dhalatay
dhacdada loo baxshay *Kalakacii Gurdumi* ee colaadda kulul
dhex dhigtay Sayid Maxamed Cabdulle Xasan iyo
Daraawiish oo dhinac ah iyo qolada Maxamed Subeyr
(Ogaadeen) oo dhinaca kale ah.

Alle ha u naxariisto ee Aw Jaamac Cumar Ciise waxa uu ka warramayaa in Garaad Cali Garaad Maxamuud oo ahaa Garaadka guud ee Nugaal iyo dadka degayey, ay asaga iyo rag kale ba, diiddanaayeen arrinta Sayid Maxamed wado, dabadeedna loo diray rag xigaalo ah oo la hadla; waxaana laga dalbay in uu Dariiqada ku soo biiro oo jihaadka la galo. Garaadku wuxuu taas ka celiyey, "Wadaadku wixii diin ah ama diin ku lug leh ha xukumo. Wixii reer ah ama dadka nugaal deggan xaalkooda ah, ha dhaafo; dhulkayagana gaalo ma joogto, tan xeebaha iyo magaalooyinka lagu sheegayana dagaal ku doonan maayo[65]." Ka dib, Bishii Oktoobar 1899, waxaa la qabtay warqad mid ka ahayd laba warqadood oo uu Garaadku u kala diray Boqor Cismaankii Boosaaso fadhiyey iyo Ingiriiskii Berbera fadhiyey. Ta dambe ee Ingiriiska u socotay ayay Daraawiishi qabatay. Intaas ka dib waxaa Garaadka laga wacay xaruntii Daraawiishta; wuuna tegay oo Maxamed Cabdulle Xasan ayay kulmeen. Sida uu sheegayo Aw Jaamac Cumar Ciise, Sayid Maxamed, asaga oo haya warqaddaas ayada ah, ayuu Garaadka ka codsaday in ay labadoodu gaar u kulmaan oo gooni u wada hadlaan. Garaadku se taas waa uu diiday oo waxa uu yidhi: "Anigu raggayga ka ma faqo." Waana jawaab ku fadhida milgihii dhaqanka boqornnimo ee qabaa'ilka Soomaalidu hiddaha u lahaa. Garaadku waxa uu Maxamed Cabdulle Xasan ku yidhi oo hadal ku gunaanaday, "Nugaal iyo dadka deggan anaa boqor u ah. Taladooda nin iiga dambeeya maahee, ninna uga dambayn maayo." Dabadeedna rag baa loo diray [Garaadka] oo waa la xujeeyey; waana la dilay, isagoo warmaqabto ah[66].

---

[65] Aw Jaamac Cumar Ciise, Taariikhdii Daraawiishta iyo Sayid Maxamed Cabdulle Xasan, 1976, p 25

[66] IBID p. 25

Said S. Samatar, asagu waxa uu leeyahay Garaadka iyo Ina Cabdulle Xasan waxa ay isku seegeen duullaan Daraawiishtu rabtay in lagu qaado Isaaq oo Garaadku diiday. Ka dibna, sida uu sheegayo Said S. Samatar, Sayid Maxamed oo duullaankaas ku maqan ayuu Garaad Cali warqad u diray Ingiriiskii fadhiyey Berbera, taas oo uu ku caddaynayo in uu Ingiriiska la jiro kagana cabanayo wadaadka saamaynta qaloocan ku yeeshay dadkiisii ee awooddiisii hoos u riday. "Warqaddan oo ay Daraawiishi qabatay, waxay ka cadhaysiisay Sayidka oo amar ku bixiyey in Garaadka la dilo waana la fuliyey[67]."

Ta labaad ee ah shirqoolkii Gurdumi iyo Gondagooye oo ayaduna taariikhda xarakadii Daraawiishta raad ku reebtay, waxay tilmaamaysaa saamaynta kelitalinta Sayidka. Dagaalkii Daraawiishi ku soo dhicisay xoolihii Xabashidu Ogaadeen ka qaadday ee ay ku haysay Jigjiga, waxaa ka dhashay in isla qabiilkaasi, gaar ahaan Maxamed Subeyr, cududdiisa iyo hubkiisaba ku taageero Maxamned Cabdulle Xasan iyo Daraawiish. Aw Jaamac Cumar Ciise, Alle ha u naxariiste, marka uu ka warramayo shirqoolka Gurdumi waxa uu odhanayaa, "Markuu Sayidku hubsaday in uu Daraawiish xoog leh haysto ama arkay sida yaabka leh oo loo raacsan yahay ama dariiqada Saalixiya loo qaatay, ayuu intuu kala batay, culumadii iyo raggii madaxda ahaa isu gu yeeray oo wuxuu yiri, 'Waxa laydinka doonayaa in nin waliba beeshii uu madaxda ka ahaa soo raro oo dariiqada keeno.' Arrinta rag baa yeelay, kuwo badanina waa diiddanaayeen; nin se la odhan jiray Shide Dhabarjilic, ayaa asagu si caddaan ah u diiday taladaas. Taas darteed ninkaas

[67] Said S. Samatar, Oral poetry amd Somali Nationalism, p118

waa la xujeeyey oo waxa uu Sayidku guddoomiyey in la dilo waana la fuliyey[68]."

Intaas ka dib, waxa uu Aw Jaamac Cumar Ciise ka warramayaa in Sayidka laga maqlay hadal odhanaya "war Shide Dhabarjilic, Xasan Jiijiile ma u aar-galaa?" Ayada oo awelba dilka ninkaas laga tiiraanyaysnaa, ayaa hadalkani raggii Maxamed Subeyr ahaa u caddeeyey in ninka nin loogu aarayay ee aan diin lagu dilin[69]. Dhacdadan waxaa ka dhashay in sir rag isugu tago oo ka shiro in Sayid Maxamed laga tashado. Waxaa la dejiyey qorshe la yidhi, 'Sayidka waannu kuu dabbaaldegeynaa,' ujeeddadu se tahay in dilkiisa lagu fuliyo. Kolkii dilkaasi fashilmay waxaa dhacay dagaal ba'an oo labada geesoodba lagu dhintay. Waxaana ka mid ahaa ragga ku qudh baxay Aw Cabbaas oo Sayid Maxamed aad ugu dhawaa uuna in badan illoobi waayey.

Rag talo ka ma dhammaato, ee haddii muddo lagu kala maqnaa wixii ka dhacay Gurdumi, Maxamed Subeyr waxa u muuqtay in Sayid Maxamed iyo Daraawiish dib loo heshiiyo; waxayna ergo ugu direen rag tiradoodu tahay 32 nin oo caqli iyo codkarnimaba xulanti ah. "Ha yeeshee lagu ma raynin taladaas oo markay dariiqadii tageen, inta laba laba la isugu xiray, baa lugaha bir lagaga jebiyey."[70] Ka dibna Sayid Maxamed farriin buu u diray Maxamed Subeyr uu leeyahay ragga ku furta laba bundukh oo Daraawiish laga la tegay iyo ninkiiba boqol neef oo geel ah. Waqtina wuu u qabtay lagu fuliyo dalabkiisa. Haddii waqtigii hore waxba lagu keeni waayay, ku labaad iyo ku saddexaad buu

[68] Aw Jaamac Cumar Ciise, Taariikhdii Daraawiishta iyo Sayid Maxamed Cabdulle Xasan, 1976, B. 31

[69] IBID B. 31, 32

[70] IBID B. 35

u qabtay, buu yidhi Aw Jaamac Cumar Ciise[71]. Ka dib raggii dhammaantood waa la laayey. Dhacdadani waxa ay la baxday *Gondagooye*. Said S. Samatar halkan waxa uu si gaar u xusayaa oo meesha ku jirta in Sayid Maxamed Cabdulle Xasan jebiyey dhaqankii ahaa dhawritaanka nolosha iyo milgaha ergada nabadeed ee ka dhexeeyey reerguuraaga Soomaalida[72].

Waxaa la yidhi ragga la laayay waxaa ka mid ahaa Cabdi Maxamed Waal oo qabay Sayid Maxamed Cabdulle Xasan walaashii, Tooxyar Cabdulle Xasan. Waxay, si aad ah, ugu dedaashay in aan ninkeeda la dilin, hase ahaatee, "qob iyo qadan midna ku ma helin"; markii la dilayna waa oyday. Dabadeedna waxa lagu yiri, "Naa yaan lagu dilin ee aammus"; kolkaas ayay marisay buraabur. Waxay tiri:

Billaawahakan daabka la hayaa hadduu i dilo
Dadkiiba idlaaye aakhiro haddaan u dego
Cabdi haddii la igu daro derejadee ka roon[73]

Ta halkan daymada gaar ahaaneed mudani waa falcelinta Maxamed Cabdulle Xasan ee ahayd nafgooyada ciddii tiisa diidda ama laga ga shakiyo. Xarunta aad ayay ugu badnayd qof la yidhaa wuu xujoobay iyo waa la xujeeyey oo sidaas qudha looga jaraa. Waxaa taas keenaya habka kelitalinta marna laga wada cabsanayo ee qof waliba naftiisa ku baadbaadinayo wanjalaadda qof kale, marna kelitaliyaha cid walba iska eegaya ee ka shakiga qaba. Waxa ka dhashay oo Xarunta Daraawiishta ka jiray cabsidaas dhinac-walbalayda

[71] IBID B. 36
[72] Said S. Samatar, Oral poetry and Somali Nationalism, P, 121
[73] Aw Jaamac Cumar Ciise, Taariikhdii Daraawiishta iyo Sayid Maxamed Cabdulle Xasan, 1976, B. 36

ah oo halkii daacadnimada gasha, taas oo dhegta Sayidka
loo tartamo; iyo in ciidanka ilaalka Sayidku (gaadh-haye)
noqdo xoog si gooni ah looga wada baqo. Xaaladdani ma
aha oo keli ah wax la xidhiidha qof ahaanta Sayid Maxamed
Cabdulle Xasan, in kasta oo aanay ka madhnayn, ee inteeda
badan, waa wax ka fufaya habdhismeedhka xarunta
Daraawiishta iyo xidhiidhada gudaheeda. Halista u daran ee
indhaha Sayid Maxamed Cabdulle Xasan arkaan, aminkan
waxa ay ahayd, taliye iyo talo ka timaadda nin aan asaga
ahayn oo dheg loo raariciyo.

Ninkii doonaa talo Sayidka ha u soo jeediyo oo go'aanka
asaga ha ka sugo; in se cidi talo iyo go'aan la wadaagto,
Sayid Maxamed Cabdulle Xasan waxa ay ku ahayd
qudhgooyo. Garaad Cali Garaad Maxamuud, waxa uu
xujoobay markii uu yidhi, "*Nugaal iyo dadka deggan anaa u
boqor ah oo taladoodana nin iiga dambeeya maahee, ninna uga
dambayn maayo*"; warqaddu se waxay ahayd sababtii
go'aanka dilkiisa soo dedejisay, waayo Sayid Maxamed
Cabdulle Xasan ma qaadan karin nin barbarkiisa yimaadda.
Shide Dhabarjilicna ku ma dhimanin aarka Xasan Jiijiile,
waayo nin kasta oo kale oo Maxamed Subeyr ahiba, halkaas
waa geli karayay oo waa loo dili karayay. Shide Dhabarjilic
waxa ku gaar ahaa oo uu ku dhintay waa diidmada amarka
Sayidka ee uu caddaanka ugu badheedhay. Sayid Maxamed
taas buu halis u arkayay oo aanu u adkaysan karaynin.

Waxay abuurtay xaalad xarunta dhexdeeda, uu qof waliba
dareemayo cabsi joogta ah, in xujo ku soo maqan tahay.
Xidhiidhka xubnaha Daraawiishtu la leeyihiin Sayidka
cabsidaas buu noqday; asaguna in badheedh loo soo
weeraro ama shirqool lagu dilo ayuu ka baqayaa; xubnaha
Daraawiishtuna dhexdooda way kala wada baqayaan. Taas
darteed, waxaa badnayd in hoos loo midhiiqiyo oo mid-mid

looga fakado xarunta. Xarunta Daraawiishtu waxa ay
noqotay meel hadal dadka ku wada jira la la kala baqayo oo
ay adag tahay in la isu uurbaxaa oo la isu sheegaa. Raggii
shirqoolka Gurdumi maleegayey, sannad ayay ku qaadatay
in marba laba afka isa saarto oo warka iyo qorshaha, si
hoose, isugu gudbiso. Sababtu waa awaalaha shakiga iyo
aammindarrada taalla ee keenay in laba afkooda isu
ammaan yahay dhif iyo naadir noqoto. Labadii tolliimda
Reer Hebelnimo isugu dhow ayaa xaaladdan oo kale, is
aamini karayay oo sir isku qarsan karayay. Sidaa darteed
xaaladdani, waxay soo noolaysay oo xoojinaysay hiiladii iyo
isu dhiidhigii wadadhalashada qabiillo. Waayo hiilada
tolliimo waxa ahayd meesha keli ah oo looga rooro xujada
iyo dilka daba yaalla. Wacyigii dhaqanka dawlad-la'aaneed
ayay tanina xoojinaysay.

Kelitalintu, waa run oo waa ku liddi dhaqanka sinnaanta iyo
kala sarrayn-la'aanta bulshada reerguuraaga Soomaalida; ha
se yeeshee, ma aha liddi tiraya ee waa liddi carinaya oo
dhiidhi gelinaya. Tii ka dhalatay dhaca xoolaha iyo
gabayadii raacay, ayay cabsida kelitalintuna keentay[74].

Dhacdadii la baxday magaca *Canjeel Talowaa* ayaa ayaduna
tusaale kale ah. Sheekadeeda, sida ay weriyeen Aw Jaamac
Cumar Ciise iyo Said S. Samatar (labadoodaba Alle ha u
naxariisto), waxa ay sheegaysaa in xarunta la keenay warqad
ka timid Maka oo la yidhi waxa soo diray Sheekh Maxamed
Saalax. Warqadda waxa ku qoran, baa la yidhi, hadal
cambaaraynaya Sayid Maxamed Cabdulle oo leh wuxuu ku
kacay falal ka dhan ah shariicada. Warqaddan warkeeda
waxaa ka abuurmay buhaan hoose iyo faq Daraawiish

---

[74] Waa xaalad shan tobanguuro ka dib taariikhda Soomaalida ku soo noqon doontay

dhexdeeda ah oo uu qofba qofkii uu ku kalsoon yahay, si qarsoodi ah, ugu tebinayo, guud ahaanna wax la iska weydiinayo. Aakhirataankii waxaa isu baxay rag ilaa lix boqol gaadhay ama kor u dhaafay oo ah culumadii iyo khusuusidii Daraawiishta. Goor habeen ah ayay ku shireen geed canjeel ah oo ku yiil meel ka baxsan Xaruntii Ayl ahayd. Sida ka muuqata sheekada, ee uga-qaateenku u werinayo, nimankani waxa ay isla oggolaadeen in ay daacaddii Sayidka loo ahaa ka baxaan. Si ay taas ku hirgelinayaan, waxa ay isla soo qaadeen talo ahayd saddex midkood: 1) in Sayidka la dilo oo Daraawiishta nin kale looga madax dhigo; 2) in Sayidka talada laga tuuro sharaftana laga siibo, wadaad kalena jagada la saaro iyo 3) in xarunta lagu kala tago oo nin waliba asaga iyo dadkiisuba u kaco halkii uu reer tolkii ku ogaa; Daraawiishina sidaa ku dhammaato.

Taladan dambe ayaa la go'aansaday. Haddii lagu kala dareeray oo "raraay" la yidhi, nin la odhan jiray Shire Cumbaal ayaa dusay oo warkii u tebiyey Sayid Maxamed Cabdulle Xasan iyo gaadhkiisii. Markiiba dagaal rag badan lagu laayay baa aloosmay; waxaana ku gacan sarreeyey Maxamed Cabdulle Xasan iyo ciidankii raacsanaa. Dad badan baa la laayay kuwana waa fakadeen[75]. Jibsinno dhan oo Dariiqada ka mid ahaa, sida Reer Samatar Khalaf (Majeerteen), ayaa xerada Daraawiishta ka baxay[76].

Dhacdadani waxay ina tusaysaa debeca iyo khalkhalka dhismaha Daraawiishta ee ay warqadda debedda laga keenay – run iyo been mid ah ahayd ba – kala tuurtay ee ay lix boqol oo qamaamuurtii culumada iyo khusuusidii

[75] IBID, b 186, 187
[76] Said S. Samatar, Oral poetry and Somali Nationalism, P 128

sayidka u dhaweyd qarsoodi uga tashadaan Daraawiish iyo hawlaheediiba. Waxa kale oo ayadu fiiradeeda mudan in ragga halkaas isugu tegay isku raaci kari waayeen jirinta ururka dariiqada iyo dhaqdhaqaaqa Daraawiisheed, taas oo go'aanka keli ah ee ay wada qaadan karaan noqday in meesha lagu kala tago, cid walibana dib ugu noqoto ciddeedii reerhebelnimo. Dhaqankii dawlad-la'aaneed baa lamahuraanku noqday oo xaaladdu u dhuratay.

Arrintani ma ahayn wax ku gooni ah nimankii ku shiray geedka canjeelka ah, bal waxa ay ahayd ifafaale ku lammaan dhismaha urur ahaaneed ee Daraawiishta guud ahaan. Sidii aynu hore u xusnay, jiritaanka urur ahaaneed ee Daraawiishtu tiir keli ah buu cuskanaa; wuxuuna ahaa joogintaanka Sayid Maxamed Cabdulle Xasan. Fikir, go'aan iyo amarba Daraawiishi asaga oo keli ah ayay ahayd. Inta kale waxa ay noqdeen dad tiro ah oo Sayidka agtiisa jooga. kuwo agjooggu cabsi ka yahay, kuwo dano gaar ah eeganaya iyo kuwo Sayidka walinimo ka aamminay oo sidaa ku joogaay ayay ahaayeen. Sidaas darteed, Daraawiish ma korin oo ma noqon dhaqdhaqaaq urursan oo ku midaysan himilo iyo yool waqti dheer la higsado; mana yeelanin fikir iyo fal wadareed ku dhisan hannaan xubnaha hooggaamintu uga soo dhex baxaan ururka, jagadana u kala dambeeyaan. Wax Sayid Maxamed Cabdulle Xasan ka baxsan oo lagu wada joogay ma jirin. Taas awgeed, maalintii uu geeriyooday (Alle ha u naxariisto) ayaa Daraawiish dunida ugu dambaysay; wadar magacaa isugu timaaddana dib loo ma arag.

Mararka qaar oo la soo qaado kacdoonkii Daraawiishta Maxamed Cabdulle Xaan, waxaa la xusaa oo la barbardhigaa *Tawraddii* Mahdiyada Suudaan ee qarnigii sagaal iyo tobnaad. Waa la isla doontaa oo la isku maakumaa; ha se ahaatee, inta ay ku kala duwan yihiin baa ka weyn inta la moodo in ay isaga eg yihiin. Tawraddii Mahdiyada ee Suudaan waxa ay ahayd kacdoon dadweyne oo ka falceliyey gabboodfalkii uu gumeysigii Turkiga iyo Masartii Khadeewi Ismaaciil Baashaa, qarnigii 19-aad, ku hayay dadka beeralayda iyo ganacsatada danyarta ahaa ee Suudaan. Cashuur xad-dhaaf ah oo ku salaysan habkii *Multasimka* la odhan jiray ayaa keentay in beerahii iyo ganacsigiiba dadku faraha ka qaado, ayna dalka ku timaaddo xaalad macalluul baahsani. Sheekh Maxamed Axmed Cabdalla oo sheegtay Mahdigii la sugayey, dadweyne ballaadhan oo la huudmay dibindaabaydii xukunka Turkiya iyo Masaarida ayaa raacay oo baaqiisa u hoggaansamay uuna dagaal geliyey. Isla markii waxa uu abuuray hoggaan habaysan oo magaciisa Ansaar la yidhaa, oo leh kuxigeenno, asaga dabadii, u kala dambeeya *khaliifada* jihaadka. Goobo badan buu dagaal kaga guulaystay ciidamadii Masaarida ahaa; aakhirkiina waxa ay ciidamadiisu qabsadeen caasamaddii Khurduum, waxayna halkaas ku dileen Janan Gordon oo ahaa xaakin Ingiriis ahaa se matalayay Khedeewigii Masar ee Tawfiiq Basha. Tawraddii Mahdiyada waxaa la jebiyey markii dawladda Ingiriis ku soo qadday duullaan ballaadhan oo dhinac walba ahaa.

In kasta oo laga guulaystay xarakadii Mahdiyada ma dhimanin sida tii Maxamed Cabdulle Xasan. Bal markii uu geeriyooday sheekheedii Maxamed Axmed Almahdi, madax kale ayaa markiiba halkiisii buuxisay. Intii ka dambaysayna isbeddelka bulsho siyaasadeed ee dalka Suudaan bay, mar kasta, la jaanqaadaysay oo ugu dambayntii, waxa ay isu rogtay xisbiga siyaasiga ah ee la yidhaahdo Xisbul Ummad (الأمة حزب). Madaxbannaanidii Suudaan ka dib, intii afgembi milateri ka dhacay dalkaas ee giddiba isku deyey tirtiridda dhaqdhaqaaq siyaasadeed oo xor ah, ilaa maanta iyo maalinnaba xisbigaasi ka ma bixin fagaaraha siyaasadda Suudaan.

Daraawiishtii Ina Cabdulle Xasan waxa ay ku taagnayd nin keli ah, sidaas darteed dhimashadiisii ayay raacday. Mahdiyadii Suudaan se waxa ay ahayd dhaqdhaqaaq bulsho siyaasadeed oo leh hoggaan ku dhisan hirar kala dambeeya oo mayalka isu dhiibaya. Taas darteed, isbeddelka waayaha ayay isla bedbeddeshay oo ay marba si u xuubsiibatay; ilaa maantana way nooshahay.

Guuldarradda Sayid Maxamed Cabdulle Xasan iyo Daraawiish ku dhacday ma ahayn wax goob iyo goor ku eg oo laga raaqraaqo. Higil muuqda waxaa ka hadhay magaca Dariiqadii Saalixiya oo marka loo eego Qaaddiriyadii Sayidku la dagaallamayey, koox tiro yar noqotay. Tubtii uu Sayid Maxamed Cabdulle Xasan raacay ayaa halkaas ku la dhammaatay. Dhaqan-siyaasadeedka qabiillada reerguuraaga Soomaalidu waa weel daldalood badan oo aan caano lagu shuban karin.

5

Qaybta Shanaad

Dawlad Shisheeye

Dhulka Soomaalidu waxa uu dhabarka ku hayaa xeebaha u dheer Badda Cas iyo Khaliijka Cadmeed oo dhinaca woqooyi ah, iyo Badweynta Hindiya oo dhinaca bari ah. Taas awgeed dhawr kun oo sannadood, xaddaaaradahii ka soo ifbaxay adduunka, xidhiidho dhaqaale, bulsho iyo dhaqan ayay la yeesheen. Daktoor Cabdalla Cumar Mansuur waxa uu si faahfaahsan uga warramayaa in, xadaaradahaas ka hor, Soomaalidu soo martay hayaan dheer oo ka yimid carradii la odhan jiray Mesapotamia (*bilaadu Araafideyn* oo ah Ciraaqda hadda). Sida uu Cabdalla Mansuur tilmaamayo, halkaas ayuu dadkii ka isirraa awowgii la odhan jiray Xaam, ka soo kicitimay kuna yimid Masar; ka dibna dadkaasi waxa uu ku kala baahay waqooyiga iyo bariga Afrika. Kala baadka iyo kala-baahidda ka dib, qaybta la baxday Kuushitiga Bariga oo ay Soomaalidu ka mid tahay, waxa ay degeen gobolka Geeska Afrika.

Waayahaas taariikheed ee shishe marka laga yimaaddo, xadaaradihii casriyadii kala dambeeyey, bari iyo galbeed ba, dhulka Soomaalida xidhiidh ayay la yeesheen. Masartii hore tusaale ahaan, xidhiidh ganacsi ayay carrada Soomaalida la yeelatay. Waxaa tusaale ah booqashadii ay boqoraddii la odhan jiray Hatshepsut ku tagtay arladii Punt.

Soo ifbaxii diinta Islaamka iyo xaddaaraddii ka dhalatay dhinacyo badan ayay ka saamaysay nolosha bulshooyinka Soomaaliyeed. Waxa ay doodi ka furan tahay goorta ay diinta Islaamku soo gaadhay dhulka Soomaalida. Waxaa, marar la sheegaa in imaatinka Islaamku la socday hijradii u horraysay ee ay koox saxaabadii Nabiga ahayd (NNKHA) ku tageen dhulka Xabashida iyo la-kulankoodii Boqorkii Nagaashi la odhan jiray. Wax baa ka jiri kara taas; hubaashu se waxa ay tahay Islaamku qarniyo ayuu si jiitan iyo joogto ah ugu fidayay dhulka Soomaalida. Cabdalla Mansuur waxa uu halkanna xusayaa qabriyo Muqdisho ah oo laga helay dad magacyo muslim leh oo qarnigii 8-aad ee miilaadiga noolaa.[77] Islaamku waxa uu dhulka Soomaalida ku yimid culimo iyo dad ganacsato Carab iyo Faarisiyiin ahaa oo xeebaha dhulka Soomaalida ka soo degay; halkaas buuna markiisii hore ku xididaystay. Waqti ayay se qaadatay intii uu ku baahayay dadka deggan gudaha dalka, gaar ahaan xooladhaqatada reerguuraaga ah. Si kastaba ha ahaatee, qarniyadii 13-aad iyo 14-aad diinta Islaamku xowli ayay u fidaysay. Culimada loo celiyo fiditaanka diinta Islaamka waxaa ka mid ah Sheekhyada tolwadaagaha qaarkood loogu abtiriyo, sida Sheekh Daarood iyo Sheekh Isaxaaq. Waxaa ayaguna ka mid ah culumo si weyn ugu xusan warhiddoodka Soomaalida, sida Sheekh Yuusuf Alkowneyn.

Saamayn siyaasadeed, dhaqan iyo dhaqaaleba Islaamku wuu ku lahaa dhulka Soomaalida. Dhinac dhaqaalaha iyo siyaasadda, waxaa xeebaha ka abuurmay magaalooyin noqday goobo ganacsi oo si joogto ah u cammiran. Isla goobtaas waxa ka abuurmay dawlad magaaleedyo ku dhisan awood dhexe iyo sharci lagu kala dambeeyo. Magaalooyinka Muqdisho, Marka iyo Baraawe oo koonfur ah iyo Saylac iyo Berbera waxay noqdeen suuq ganacsi oo dalagyo kala duwan lagu kala beddesho, taasoo nolosha dhaqaale ee reerguuraaga Soomaaliyeed saamaynteeda ku lahayd. Waxaa se ayaduna xaqiiqo kale ah, marka laga yimaaddo caqiidada diineed, waxba iska ma beddelin dhaqankii bulsho-siyaasadeed ee ku dhisnaa hiilada tolliimo, waayo saldadda dawlad-magaaleeddaasu, ku ma fidin oo ma xukumin qabaa'ilka xoolaraacatada iyo dhaqankoodii dawlad-la'aaneed ee ku dhisnaa maqnaashaha awood dhexe oo lagu kala dambeeyo. Dhaqankii hiilada tolliimo iyo isa-sudhantii colaadda iyo nabadda iyo dabasocodkii talada odayadu isma beddelin. Ma se wada aha sidaas ee arrimo ay shareecada Islaamka u la tageenna waa ay jiraan. Waxaa ka mid ah arrimaha qoyska guud ahaan, iyo magta oo ay xadka dilka iyo dhaawaca, marka nabadda la qaato, ay ku saleeyeen xeerkooda.

Gumeysi Shisheeye

Ka hor dawladaha Yurub ka yimid, waxaa dhulka Soomaalida ku raad yeeshay imbiraadooriyaddii Cusmaaniyada ee Turkiga ahayd. Xukunkaas waxaa ku hoos jiray dalalka Carabta oo uu ugu sokeeyo dalka Yaman oo ku yaal xeebta Badda Cas dhinaceeda kale. Dawlad-magaaleeddii Saylacna waxa ay ku lahayd nufuuddeeda. Imaam Axmed Gurey, xilligii ay Xabashida dagaallamayeen, waxaa jirtay kol uu dawladdii Turkiga ka dalbay gargaar. Burtuqiiskii waagaas ayaa asaguna soo durreeyey dhulka Soomaalida; waxaana uu ka mid ahaa xooggii dagaal ee Itoobiya u soo gurmaday kana qaybgalay jabkii aakhirkii ku dhacay Axmed Gurey iyo ciidammadiisii. Burtuqiiska oo waqtigaa xoog ku lahaa badaha gobolka, waxa uu marar kale, weeraray magaalooyinka xeebaha Soomaalida ee Saylac, Muqdisho, Marka iyo Baraawe.

Qarnigii sagaal iyo tobnaad qaarkiisii dambe ayuu duullimaadkii gumeysigii Yurub oo kuwii hore ka duwani, dhulka Soomaalida yimid oo uu loollankiisu soo biiray. Waxaa loollankaas ku jiray Ingiriis, Talyan iyo Faransiis. Ha yeeshee Itoobiya oo dhul-durugsi ku jirta, hungurina ka hayo xeebaha Badda Cas iyo badweynta Hindiya ayaa tartanka ku afrowday. Masartii Khadeewi Ismaaciil oo Turkigii tamargabay u ijaaseeyey, ayaa ayaduna shanaysay.

Ujeeddada aynu daba soconnaa waa saamaynta gumeysigii dawladaha Yurub ee qarni-ku-dhawaadka Soomaalida xukumayay ku yeeshay dhaqankii reerguuraaga Soomaalida; aynu se xukunkii Masaarida oo asaguna tiisa lahaa, marka hore, wax yar guud marno raadadkii uu ka tegay. Sannadkii 1866-kii buu Turkigu u idmay Khadeewi Ismaaciil oo Masar xukumayey, in uu la wareego Sawaakin (Jasiirad iyo deked Suudaan ah) iyo Masawac (Erateriya). Khadeewi Ismaaaciil se wuu durugsaday oo waxa uu ku dooday in xeebta Badda Cas ee Soomaaliduna ku jirto. Sannadkii 1870-kii ilaa 1884-kii ayay Masaaridu haysteen magaalo-xeebeedyada Tujora, Saylac, Berbera iyo Bullaxaar. Xidhiidh ayay la yeesheen qabaa'ilka Miyiga oo jibsinaha hoose ayay u magacaabeen madax loo baxshay caaqillo (waa jago ilaa hadda jirta oo lagu dhaqmo). Sannadkii 1884, sababo la xidhiidh lahaa kacdoonkii Mahdiyada ee Suudaan iyo Masar oo ayada lafteeduba ku hoos jirtay amarkutaaglaynta Ingiriisku, waxay ciidamadeedii ka guratay xeebaha Soomaalida, Ereteriya iyo magaalada Harar.

Wax kasta oo kaleba ha jireene, Masaaridu waxtarkooda way lahaayeen oo raad muuqda ayay kaga tageen magaalooyinka Berbera iyo Saylac. Waxa ay dhiseen dekedaha labadaa magaalo; waxaa kale oo ay dhiseen masjid Berbera ku caan ah iyo noobiyad laydhkeedu hagi jiray maraakiibta iyo doonyaha badda ku soo jira; waxa kale oo ka mid ah biyo-kaydinta Dubaar ee magaalada Berbera siiya biyaha macaan. Marka se loo fiirsado werinta soojireenka reerguuraaga, waxa loo maleeyaa saamaynta xukunka Masaaridu, waagaas, in aanu dhaafin jilibbada iyo jibsinaha reeguuraaga ah ee dega xeebaha iyo dhulka u dhow. Qabaa'ilka oogada iyo gudaha shishe ee dhulka Soomaalida se xidhiidhkoodu ma badnayn.

Gumeysigii Yurub

Waxa aynu hadda isla eegi saamaynta ay dawladahii Ingiriiska, Talyaaniga, Faransiisku iyo Itoobiya ku reebeen xooladhaqatada reerguuraaga Soomaaliyeed. Saddexda dawladood ee hore waxa ay ka yimaaddeen dhul fog oo badda ka tallowsan, halka ay Itoobiya ku fidaysay dhulka Soomaalida oo ay ku jirtay dhuldurugsi. Sidaas darteed, haddii dawladaha Yurub ka yimid qirsanaayeen in aanay dhulkan lahayn ee ay qabsanayaan, Itoobiya isu ma arkayn gumeysi shisheeye. Runtii, marka la eego faldhaqanka boqorradii Itoobiya iyo ciidamadoodii waagaas dhulka imanayey, ereyga gumeysiga Yurub meesha wuu ka baxayaa. Ciidamo dhac iyo xasuuq keli ah dadka ku falaya, oo muuqooda la sharaysanayo, waxa looga baxsanayay dhinaca gumeysiga Yurub ka yimid.

Imbiraadoor Milinik iyo Xayle Salaase oo ka dambeeyey waxa keli ah oo ay danaynayeen haysashada dhulka oo keli ah; dadka se dan ka ma lahayn. Xukunkii Deregga ee Mingiste Xayle Maryam, ayaa, markii u horraysay, ilaa xad xis u lahaa jiritaanka dadka oo shakhsiyado Soomaali ah ku magacaabay jagooyin sare oo xisbigiisii iyo maamulka dawladda ah (waxaa ka mid ahaa danjirihii, siddeetannadii qarnigii labaatanaad, Itoobiya u fadhiyey Koonfurtii Yaman iyo badhsaabkii gobolka Hararge ee isla waagaas). Ha yeeshee asaga laftiisuna ka ma fogaan siyaasaddii boqorradii ka horreeyey ee ku dhisnayd istiraatijiyada difaaca dalka oo keli ah. Sidaa darteed, dawladdii Mingistena la-xidhiidhkeeda xooladhaqatada reerguuraaga ahi aad buu u yaraa.

Taariikh ahaan dhibaatooyinka ay dadka Soomaalidu uga barteen dawladda Itoobiya way badnaayeen. Shilka ugu yar ee dadka kaga yimaadda, layn xasuuq ah iyo xoolahooda oo la xabbaadho ayay dawaladdu kaga jawaabi jirtay. Odhaahyada halqabsiga noqday ee ilaa maanta carrabka dadka saarani waxa ay tusayaan xusuusta wadareed ku saabsan dhibaatooyinkii dhacay. Dalka intii magaalada Jigjiga bari ka jirta, Ciidamo keli ah ayaa badiba joogi jiray. Hay'ado waxbarasho, caafimaad, amniga qabaa'ilka dhexdooda iyo adeeg bulsheed oo kale ka ma jiraynin. Qabaa'ilka xooladhaqatada ahi sidoodii ayay geela u kala dhacayeen oo u dagaalamayeen; ciidamada Itoobiya ee dhulka joogaa se ma kala joojin jirin.

Xataa lacagta *Birta* ee Itoobiya dhif ayay ku ahayd dhulkaas. Shilinka Soomaaliga ayay bucshurada ganacsigu ku socon jirtay. Asaga dhaqanku waa ma-suulaan oo ka-hadal ma laha ee dhinacayada dhaqaale iyo bulshaba, badanka dhulka Jigjiga ka xiga bari, waxa uu si xoog leh ugu xidhnaa Soomaaliya. Dareenka dadka, Itoobiya dal shisheeye ayay u ahayd. Waqti ku siman siddeetannadii qarnigii labaatanaad, qofka ka yimaadda Addis Ababa, waxaa la odhan jiray Itoobiya ayuu ka yimid.

Intii ka dambaysay Mingiste Xayle Maryam, xaaladihii hore wax badan baa iska beddelay oo xidhiidh sidii hore ka duwan ayay dawladda Addis Ababa la yeelatay dadka Soomaalida. Wax badani se waxa ay ku xidhan yihiin horumarka dhaqaale iyo bulsheed ee dhulkaas ka hirgala iyo fursadaha ay dadka Soomaalida ahi kaalintooda kaga qaadan karaan siyaasadda dalka Itoobiya.

Waa run oo gumeysigii Yurub gacan ku ma dhigin Itoobiya. Dagaalkii labaad ee dunida ammin kooban oo Talyaanigu qabsadayna jabkiisii ayay kaga xorowday. Ha yeeshee, doodda dhaqdhaqaaqii gobonnimadoonka Soomaalida ee afartannadii iyo kontonnadii qarnigii labaatanaad, waxa ay Itoobiya ku tilmaamtay in ay ka qaybgashay gumeysigii dhulka Soomaalida qaybsaday. Itoobiya geesta kale ayay taas iska taagtay oo waxa ay ku doodday in ay gumeysigii shisheeye ka hor joogsatay oo ka xoraysay dhulka ay ku durugtay.

Ingiriis Iyo Somaliland
Bartamihii qarnigii sagaal iyo tobnaadiyo ka dib, ayuu tartankii dawladaha Ingiriiska, Talyaaniga iyo Faransiisku ku bilowday dhulka Soomaalida. Ugu dabayntiina sannadkii 1897-kii, baa lagu kala hagaagay.

Waxaa Ingiriisku u soo jiidayay dhinaca Somaliland lexejeclada weyn ee uu ka lahaa Cadan oo uu sannadkii 1839kii, xoog ku qabsaday. Waxa uu Ingiriisku ka dan lahaa dawladda goob-dhaca istaraatiijiga ah ee dekedda Cadan oo ahayd meel ku habboon in maraakiibtiisa u socota Hindiya iyo mustacmaradaheeda Aasiya ay ka qaataan shidaal. Waxaana uu halkaas dhigay saldhig ciidan oo ilaaliya jid badeedkaas isku xidhaya galbeedka iyo bariga

imbiraadooryaddiisii *aan cadceeddu ka dhacayn* ee waagaas
jirtay.

Sida ay isku raacsan yihiin dersayaasha arrimahaas iyo
xilligaas, danaynta Ingiriiska ee Berbera iyo dhulka
Soomaalida ee ka shisheeyaa waxa ay ahayd baahida
Ciidamadiisa Cadan fadhiyaa u qabeen hilibka Soomaalida
ee ka soo dhoofayay Berbera. In ganacsiga hilibka iyo
silcadaha kale, nabadgelyo kaga yimaaddaan gudaha shishe
ee dhulka Soomaalida, oo ay dekedda Berbera ka soo
dhoofaan, baa wax weyn ugu fadhiday maamulka Ingiriiska
ee joogay Cadan iyo Hindiyaba. Baahida hilibka iyo
ahmiyada istraatiiyadeed ee Badda Cas iyo Baabulmandab,
waxaa ku biiray damaca dawladaha Faransiiska iyo
Talyaaniga oo gobolka Geeska Afrika, isla goortaas, soo
abbaaray. Wacaalayaashaas oo dhammiba waxa ay
Ingiriiska ku sii riixeen in uu qabaa'ilka Soomaalida heshiis
ku la galo ilaalinta dhulkooda iyo in aanay dawlad kale
heshiis la gelin.

Maanta, marka dib loo fiiriyo muddadii uu Ingiriisku
Somaliland xukumayey, way muuqataa in aanu dano kale
oo intaas ka baxsan, marnaba ka yeelan. Ma imanin
Somaliland shirkado iyo maalqabeen Ingiriis ah ama meel
kaleba ka yimid. Mana jirin marnaba maalgashi dhaqaale oo
dalka Somaliland lagu sameeyey. Waxaa dalka iman jiray oo
keli ah saraakiisha uu u sarreeyo Xaakinka guud
(Badhesaabka) iyo kuwa ka hooseeya ee xukuma
degmooyinka (District Commissioners), saraakiisha
ciidamada amniga iyo kuwo waaxyaha maamulka
madaniga ah ka madax ah. Somaliland, dhaqaale ahaan,
culays ayay ku ahayd dawladda Ingiriis; wax yar oo ayada

ka gala mooyiye, wax kale ma jirin, in kasta oo Soomaalidu u haysatay in Ingiriiska baahiyi keentay uu na faa'ido dhaqaale ku qabo joogitaanka dalkooda. Ismaaciil Cali Ismaaciil buuggiisa *Governanace, The Scourge and Hope of Somalia*, waxa uu ka warramayaa wada-hadal dhexmaray Suldaankii magaca weynaa ee qoloda Warsangeli, Suldaan Maxamuud Cali Shire, iyo nin ka mid ahaa xaakinnadii Ingiriis ee soo maray Maxmiyaddii Somaliland oo la odhan jiray Sir Theodore Pike. Waxa uu Suldaanku ka codsaday Xaakinka in dawladdiisu samayso waddo isku xidha xeebta iyo oogada sare oo ka baxda dawga buurta Geeldoora la dhaho. Jawaabta Xaakinku waxa ay ku soo ururtay in Somaliland, sida ay u dhan tahay, khasaare keli ah ku tahay Ingiriiska, taas oo ah in Dawladda Ingiriis wax ay geliso mooyee, wax ka soo gala, haba yaraatee, aanay jirin. Suldaankii, asaga oo yaabban, waxa uu Xaakinkii weydiiyey haddii ay sidaas tahay, sababta dawladda Ingiriisku, ilaa maanta, u joogto Somaliland.

Waxa uu Xaakinkaasi u sheegay Suldaanka run ayay ahayd; dadka Soomaalidu se ma rumaysnayn. Haddii tiro yar oo xogogaal ahayd taas ka war haysey, dadka uga ma ay warrami jirin. Tusaale ahaan, madaxdii dhaqdhaqaaqa gobonnimadoonku, afartannadii iyo kontonnadii qarnigii labaatanaad, waxa ay dadka u sheegi jireen in gumeysiga Ingiriisku dhuranayo khayraadkii dalkooda. La ma tusaynin dadka oo ma jirin macdan iyo dalag beero uga go'ay oo Iglan loo dhoofinayo. Ingiriis dhulka degaya oo wershado iyo ganacsi ballaadhan ku lehina ma jirin. Waxaa keli ah ee dadka la tusi karay cashuurtii laga qaadayay xoolaha sayladda magaalada la keeno. Garo oo waxa ay ahayd cashuur dawladdu qaadato; dawladduna Ingiriis ayay ahayd.

Dawladda Ingiriis sida aanay dhulka Somaliland waxba uga
taransan baa waxtarkeeduna uga sii yaraa. Taas darteed,
saamaynta ay ku yeelatay dadka Soomaalida, gaar ahaan
xooladhaqtada reerguuraaga ah (dadkuba, wax yar mooyee,
reerguuraa buu ahaa), aad ayay u yarayd. Siddeetan iyo
dheeraad sannadood oo Ingiriisku Somaliland xukumayay
salkii dhaqaalaha reerguuraanimo iyo manfaciisii
nafkuhaynta (subsistence) ahaa is ma beddelin; habkii
geeddiga daba socda daaqa iyo ceelka biyoodna sidii buu
ahaa; beerafalashadii ka sii tamarta liidatayna ma soo korin.
Suuqa ganacsiga xooluhuna, intii Ingiriisku dhulka joogay,
Cadan ma dhaafin. Xirfadaha waxsoosaar oo
magaalooyinka ku soo kordhayna ma ahayn kuwo wax ka
beddeli kara dhismaha dhaqaale bulsheed iyo dhaqanka
istirsiga qabiilka. Nin makhaayad shaaha karisa haysta iyo
dukaaan wax-yar-haye ahi isahaanshihii reerhebelnimo wax
ka ma beddeli karin. Bal kan laftiisa wacyigiisu miyigii iyo
xooladhashadii buu joogto ugu xidhnaa. Runtii, miyi iyo
magaalaba waxaa ka jiray xidhiidhadii dhisme
abaabuleedka abtirsiinta iyo wadajirka tolka ee ka hor
jeeday shisheeyaha oo ilaa maanta ka jira.

Ayada oo taasi jirto, haddana waxaa lagu doodi karaa in
xukunka Ingiriis saamayntiisa oo si kale ah, lahaa. Ha i noo
horrayso ee dhaqaale ahaan, ganacsigii xoolaha iyo
raacraacoodii haragga iyo subagga iyo dalagyadii kaleba
way kobceen. Dekeddii Berberana si joogta ah ayay
maraakiibtu, xilli kasta, ugu soo xidhanayeen. Dhaqaalihii
xeebta iyo gudaha dalkuna intii hore wuu ka kordhay.
Lacagtii rubbiyada Hindiya oo Ingiriisku dhulka soo geshay
waxa ay xooladhaqatada u fududaysay haqabtirka
baahiyahooda maryaha iyo cuntada oo dhibaato ku ahaan
jirtay. Ha se ahaatee, intaas oo dhammi tiro mooyiye,

isbeddel tayeed ma keenin. Saamaynta togan ee xukunkii Ingiriis ku yeeshay qabiillada reerguuraaga Soomaalida waxaa u mudan nabadgelyada tolwadaagaha dhexdooda. Waxaa Ingiriisku dalka ku soo kordhiyey sharci iyo nadaam iyo xoog ciidan hirgelintiisa u taagan oo dilkii iyo dhacii qabaa'ilka dhexdooda ee soo noqnoqonayay aad buu u yareeyey.

Waxaa se jira kalajeeddooyin iswata oo xukunka gumeysigii Ingiriis lahaa. Tusaale ahaan, sida wardhegoodku weriyo, magaalooyinka mudanka ah ee Somaliland, sida Hargeysa iyo Burco, waxa ay, asal ahaan, ahaayeen ceel xilliga dhulku qallalan yahay, uu isugu yimaaddo aroorka xoolaha iyo dadku. Isla xilligaas ayay ganacsato awrlay ahina iman jireen oo ay meeshu noqon jirtay goob wax lagu kala iibsanayo. Barta roobka gugana waa lagu kala tegi jiray. Mar dambe ayay dawladda Ingiriis go'aansatay in ay awooddeeda dalka ku baahiso oo ay goobihii biyaha iyo ganacsiga soo degtay. Waxaa halkaa ka dhismay magaalooyinka sida joogta ah loogu nool yahay. Magaalooyinkaas, ilaa maantadan oo la joogo qarnigii 21-aad, qaabkii Ingiriisku u degay ee loo la degay ayay u yaalliin. Haddii aad dusha kaga timaaddo oo aad hoos u soo eegto, waxaa ku soo jiidanaya sowraca juqaraafiyadeed iyo dimograafiyadeed ee magaaladu u kala taallo. Waxa ay u kala deggan tahay aagga gaarka ku ah dawladda, xafiisyadeeda, xarumaha ciidamadeeda, guryaha madaxdeeda iyo saraakiisha hawlwadeennada ka ah. Waxaa loo baxshay dhulkaas ay dawladdu deggan tahay oo ilaa amminkan loo yaqaan "Shacabka" (*waxaa uu u muuqdaa ereyga af Carabiga ah ee u dhigma dadweyne; sababta uu ku baxay se mooyi*). Magaalada inteeda kale waxa ay u kala taallaa xaafado midba uu qabiil gaar u deggan yahay. Waagii

Ingiriiska ayay magaaladu sidaas ku bilaabatay oo ay weli ku tahay qolooyin wada-oolkaas ah.

Muuqa waa ka magaalo; dhaqan ahaan se, waa qabaa'il iyo reero wada yaalla. Xataa suuqa ganacsiga waxba la isku ma darsan, ilaa haddanna isugu ma jiraan oo qof waliba, inta uu ka helayo qof xigaal ah oo uu wax ka gato ama ka gado, u ma tegayo qof qolo kale ah. Waxaa magaalada isugu yimid jilibbadii iyo jibsinihii tolwadaagta reerguuraaga oo wata dhaqankoodii hiilada tolliimo iyo xidhiidhadii dhaweysiga sokeeyeha iyo durkinta shisheeyaha, iyo qiyamtii colaadda iyo nabadda iyo xeerarkii ay magta ku kala qaadan jireen. Isla sidii ay so'da ceelka u kala lahaayeen ayay magaalada qoloba gees uga degtay. Waa isla sidii ay miyiga ku ahaayeen. Waagii Dawladda Ingiriisku Somaliland xukumaysay, dagaalladii tolwadaaguhuna kolal ayay ka dhaceen Hargeysa iyo Burco, in kasta oo sida warhayeenkeeda laga hayo aanay maalin iyo laba ka badan qaadannin; waayo, ciidanka amniga ee goobta ku sugan baa, dhaqsaba, uga gacan sarreeyey kooxaha qubanaha isbarbar-yaaca ah.

Higilka dawladda Ingiriiska dartii, waxa magaalooyinkan ku noolaa tiro yar oo ahaa Hindi iyo Carab ganacsato ahaa. Ha yeeshee, ma ahayn beel tiro badan ku joogta oo saamayn ku yeelan kara dhisme-bulsheedka magaalada. Sidaas darteed, marna meesha ka ma abuurmin sansaan dhaqan reer maagaalo iyo isahaansho ku abtirsada magaca magaalada. Ilaa maanta magaalooyinka Somaliland waa ceelkii qolaba dhinac kaga soo aroori jirtay oo hadda goobtan salka dhigtay oo daaro ka dhistay, ganacsi kala wada jaad ahna ka furtay. Xaaladdaasi waa ta keenaysa in aan, waqtiga hadda ah, maqalno hal-sheegyada "beesha galbeedka, bariga iyo koonfurta magaalo Hebla." Waa ereyo lagu maldahayo 'Reer Hebel' iyo 'Reer Hebel'.

Maamulka gumeysiga Ingiriis waxa uu awooddiisa ku ururiyey gacan-kuqabashada iyo xejinta nabadgelyada. Waxa uu mudnaanta hore siiyey sharciga iyo fulintiisa iyo hay'adaha socodsiinta hawlaha maamulka dawladeed. Maamul ahaan, waxaa dalka loo qaybiyey lix degmo (districts) oo kala ahaa Hargeysa, Burco, Berbera, Boorama, Laascaanood iyo Ceerigaabo. Mid walba waxaa u sarreeyey Xaakin Demo oo Ingiriis badiba ahaa, kaas oo afka Ingiriiska lagu odhan jiray *Disrict Commissioner (DC)*. Waxaa ku weheliyey Kaaliye ama laba Kaaliye (Asssistant DC) iyo Taliyaha Ciidanka Booliska oo warbixin joogto ah Xaakinka ka siin jiray nabadgelyada Degmada. Xaakinka guud ee ay giddiba hoos tagaanna waxa la odhanayay *Commissioner* ama *Governor*, kaas oo ay Soomaalidu u taqaannay Badhasaab. Ciidanka Booliska waxaa ku laba ahaa oo Ingiriisku aasaasay ciidan laga qoro dadka degmada oo la odhan jiray Ilaalo. Waxa uu ahaa askar gaar loo tababaray oo hoos taga xafiiska Xaakinka Degmada. Waxaa jiray ciidan dagaal oo ka soo qaybqaatay dagaalladii Sayid Maxamed Cabdalla Xasan ka hor jeeday, waayadii dambena ahaa askar Soomaali ah iyo saraakiil sare oo Ingiriis ahaa, kuwaas oo la odhan jiray *Somali Scouts*. Askarta ciidamada jaad kasta oo ay yihiin waxaa u badnaa oo laga soo qori jiray miyiga, gaar ahaan, xooladhaqatada reerguuraaga ah.

Sannadkii 1950-kii, ayuu Ingiriisku soo saaray hab ay cuqaasha heerka magwadaagtu uga qaybgalaan maamulka degaankooda. Waa hab cuqaasha siinaya awood ay

Xaakinka Ingiriiska ku gacan-siiyaan xoojinta sharciga iyo ilaalinta nidaamka. Waxaa lagu magacaabay saldadda degaanka (Local Authority) kaalintoodana waxaa ka mid ahaa in ay Dawladda ka kaalmeeyaan soo-qabashada kii qoladooda ah ee dembi gala. Waxa ay ku shaqaynayeen lacag mushahar ah oo khasnadda dawladda looga qoray, taas oo saamayn taban ku yeelan kartay xidhiidhka ayaga iyo reerka ay ka tirsan yahiin ee u tirsan yihiin. Ulajeeddada tallaabadani dhinac ahaan, waxa ay ahayd ilaalinta nabadgelyada iyo ka-qaybgelinta Soomaalida hawlaha maamulka guud, latashi keli ahba ha ahaatee. Dhinaca kale waxa ay ahayd oo ay noqontay gacangelin uu gumeysigii Ingiriis ku sameeyey dhaqankii wadatashiga ee tolka ka dhexeeyey. In odayga reerku ku xidhmo cid kale oo weliba ka mushahar qaato waxaa ka dhashay isla-waa iyo isla-diid. Reerku waxa uu ka rabaa caaqilka, in uu ahaado nin ayaga ka tirsan oo tooda u la taga, kana soo dhammeeya dawladda Ingiriiska. Ingiriiskuna waxa uu ku mushahar siiyaa in uu tolkiisa aqbalsiiyo oo ka keeno wax aad ugu adag. I. M. Lewis waxa uu tilmaamayaa sida uu habkani uga hor imanayay dhaqankii isu-hiilinta tolka. Nin tolka ka mid ah ayaa Xukunka Ingiriis siiyey awood uu maamulka dawladda ku kaaliyo fulinta sharcigeeda iyo soo-xidhidda nin reer tolkiis ah.

Waxaa kale oo uu Ingiriisku abuuray nidaam garsoor oo heer degmo ka soo bilowda. Maxkamada degmada waxaa ka garsoore ka ahaa Xaakinka Degmada; halka uu Taliyaha Booliskuna ka ahaa dembibaadhaha iyo dembi oogaha labadaba. Waxaa kale oo degmooyinka ka jiray maxkamadda shareecada dabbaqda oo qaabbilsanayd arrimaha xidhiidhka qoyska ee guurka, nafaqada, furriinka iyo dhaxalka oo ayada wadaad Soomaaliyeed baa ka ahaa qaaddi. Waaxyaha kale ee maamulkuna xafiisyo ayay ku lahaayeen degmada. Waxaa ayaduna xusid gaar ah mudan, xukunka gumeysiga Ingiriis waxa uu la yimid qaanuunkii ciqaabta ee uu Hindiya ku xukumayey, kaas oo ahaa sharci ka baxsan kana duwan xeerarkii hiilada wadarta tolliimo.

Tu kale oo deymo gaar ah mudani waa sida nidaamkan amniga iyo garsoorku u la falgalay ee uga libkeenay dhaqanka xilqaadka wadareed iyo colaadaha qabiil ee ka dhalanayey. Marka nin Reer Hebel ahi dilo nin Reer kale ah ama dhaawac u geysto, laba ayuun bay mid noqon jirtay, in falka aargoosigu soo degdego, ka dib dagaal dhaco oo tiro badani ku kala dhimato iyo, marka aanay utun hore jirin, in odayaashu, dhakhsaba, isu yimaaddaan oo xeerkii magta lagu heshiiyo. Dhibaatadu waxa ay ahayd aargoosiga iyo dagaallada ayaa ka dhaqso badnaa jiitanka talada odayaasha; sidaas darteed, badiba goor dhimashadu badatay baa heshiisku imanayey. Hadda Ingiriisku, marka dil dhaco ama shaqaaqo laba qolo dhex marto, ciidan boolis jabsan oo talis dhexe u hoggaasan baa markiiba la dhaqaajinayey. Dembiilaha dilka ama dhaca geystay waxa lagu dedaalayay in degdeg loo soo qabto. Haddii dembiilaha la qabto oo maxkamadi xukunto laguna fuliyo, tabashadii godobta qabiilku way baxaysay. Dhibaatadu waxa ay ahayd marka uu fakado ee uu tago meel aan laga soo qaban karin ama la garan waayo meel uu jiro. Markan Ingiriisku inta uu labada qolo ciidamo dhex dhigo, ayuu odayaasha isu keeni jirey, si ay xeer hiddoodkoodii mag ugu kala qaataan oo u heshiiyaan. Marna ma dhici jirin in dembiile dawladdu qabatay oo xidhan lagu sii daayo odayaal debedda ku heshiiyey ama ku heshiin doona. Wixii dhacay, debedda way kaga heshiin jireen; kuwii ku kala dhintayna magta way ku kala qaadan jireen; heshiis nabdeed iyo xeerarna way wada dhigan jireen; se dambiile gacanta dawladda ku jira suurogal ma ahayn in odayaal ka daba tagaan. Halkan, waxaa ka muuqanaysa sida gumeysiga Ingiriis u xeerinayay socodsiinta qaanuunka dawladeed iyo xeer-dhaqameedkii qabaa'ilku ku kala bixi jireen labadaba.

Horumarin, ayada gumeysigii Ingiriis, inta ugu yar ee la soo hadalqaadi karo ayuu geliyey Somaliland. Waxaa tusaale cad ah waddooyinka uu Ingiriiskii dalka kaga tegay. Jidadka isku xidha Degmooyinka dalku, giddi, waxa ay ahaayeen jidcadde iyo carratuur aan inta badan dib loo kabin. Haddii waddooyinkaas laami la saari lahaa, waxa ay noqon lahayd kaabeyaal dhaqaalaha dalka kor u kiciya, nolosha bulshadana, miyi iyo magaalaba, wax weyn tara. Ma se dhacin taasi. Gebiga Somaliland waddo laami ah, Ingiriiskii waxa uu ka tegay inta u dhaxaysa gurigii dawladda ee uu degganaa Xaakinka Guud (State house) iyo madaarka Hargeysa (waxaa berigaas lagu magacaabi jiray Shanta Maylka).

Dhinacyada caafimaadka dadka iyo xoolaha iyo ilaalinta degaanka ayagana dawladda Ingiriis aad ugu ma roonayn. Degmooyinka mid walba waxaa jiray hal cisbataal oo guud, dhakhtarro xoolaad ma jirin ee dad tababar kooban leh baa kolal miyiga tegi jiray oo xoolaha dhayi jiray. Ta degaanka waxaa la ilaalin jiray geedka qoyan ee nool. Askarta Ilaalada la shaqaysa Xaakinka degmada ayaa hawshaas qaban jiray oo qofkii geed qoyan gubaya soo xidhi jiray ka dibna waa la maxkamadayn jiray.

Xusid gaar ah waxaa u mudan waxbarashada oo haddii ay si ballaadh iyo tayo leh u hanaqaadi lahayd, keeni lahayd horumar siyaasadeed iyo dhaqan iyo dhaqaalaba. Sannadkii 1939-kii, ayaa dalka la soo geshay waxbarasho rasmi ah oo dawladeed. Xusuusta dadka ee xarumahii Berbera iyo Dhaymoole ahaa ee dawladda Ingiriis agoonta ku ururin jirtay, kaniisadda kiristaanka ahina gacanta ku haysay, ayaa sababtay in dadku ka dido dugsiyada cusub iyo waxa lagu baranayo ee Ingiriisku wato. Waxaa se halgan adag u galay oo dhib badani ka soo gaadhay aqoonyahannaddii Maxamuud Axmed Cali, Yuusuf Xaaji Aadan, Yuusuf Ismaaciil Samatar iyo saaxiibbadoodii kale. Dhibaato badan baa ka qabsatay sidii ay dadka u garansiin lahaayeen waxtarka waxbarashada cuuluunta casriga ah. Ugu dambayntiina, way ku guulaysteen himiladoodii. Ka sokow dhabar-adaygooda iyo dulqaadkooda, waxaa markii dambe wax badan u fududeeyey barashada Quraanka kariimka ee ku jiray manhajka waxbarashadaas oo dadkana shakigii ka saaray. Isla markii waxaa dadku arkay in aan diin kale oo dugsiyadan lagu bartaa jirin.

Waxaa dalka meelo laga furay dugsiyo hoose iyo dhexe, iyo hal iyo labo dugsiyo xirfadeed ah. Ardayda dugsiga dhexe dhammaysa ayaa loo tababari jiray macallimiin dugsiga hoose iyo karaaniyaal ka shaqayn doona xafiisyada dawladda. Sannadkii 1954-kii baa hal dugsi sare (secondary school) laga furay Cammuud oo Boorama ah, kaas oo markii dambe, loo raray sheekh. Waxa uu ahaa dugsi sare, ka keli ah ee dalka ka jiray 26-kii Juun 1960-kii, maalintii madaxbaannaanida Somaliland. Salka waxbarashada dalku, maalintaa, tiro ahaan iyo tayo ahaan, aad buu u hooseeyey. Badanka dadka wax bartay heerka dugsiga dhexe ayay ahaayeen; tirada yar ee dugsi sare gaartay, badi waxbarashadoodu waxa ay ahayd Cadan iyo Suudaan. In kasta oo dhaqanku, miyi iyo magaalaba, ahaa kii xooladhaqatada reerguuraaga, waxaa ardayda laga qori jiray magaalooyinka iyo tuulooyinka. Fursadda waxbarasho ee carruurta reerguuraagu aada yay u yarayd, waayo waa dad xilli iyo xaaladba, la guurguuraya oo aan meel ku sugnayn. Si reerguuraaga loogu fududeeyo waxbarasha, waxaa heerka dhexe jiray, dugsiyo loo yeelay hooy iyo cunto, ha yeeshee tirada reerguuraaga ee ka faa'iidaysan kartay aad ayay u yarayd. Waxaa kaga badnaa carruurta magaalooyinka laga keenay.

Saamayn xagga wada dhaqanka ah, Ingiriisku dadka Soomaalida ku ma yeelan, la mana yeelanin. Labadu is ma dhexgelin, isla mana falgelin. Saraakiil madax ah oo aad u tiro yar baa Ingiriis ka joogtay dalka Somaliland; ayaguna, sida aynu kor ku soo xusnay, dhexgalkoodu magaalada wuu ku yaraa. In kasta oo qaarkood af Soomaaliga barteen, arrin xirfadeed ayay ahayd ee dadweynaha ballaadhan ku la ma ay falgelaynin. Midkood haddii uu magaalada soo dhex maro, waa lagu soo ururi jiray oo sidii lama-arag baa loo daawan jiray. Xoolodhaqatada miyigu sannado ayaanay arki jirin ninkan cad ee carrada xukuma.

Afrika iyo Aasiyaba waxaa ku badan dalal Ingiriis iyo Yurubta kaleba gumeysteen. Waxa ayna ku reebeen oo si weyn uga muuqda dhaqankii gumeystaha xukumi jiray. Tusaalaha u mudani waa sida uu afkii gumeystuhu ugu fiday dalalkaas ayaga ah. Dalalka ay ka mid yihiin Kiiniya iyo Hindiya, tusaale ahaan, dadweynaha miyiga iyo magaaladuba afka Ingiriiska way ku hadlaan. Dalalkii Faransiisku gumeysan jiray afka caadiga ee lagu wada hadlaa waa Faransiis. Soomaaliya iyo Jabuuti afka Talyaaniga iyo Faransiisku waxay ahaayeen ama ka mid ahaayeen afafka in badan dhegahaagu maqlaan. Somaliland se, maalintii madaxbannaanida, dadka afka Ingiriiska si sahlan ugu hadli karaa farokutiris ayay ahaayeen. Waxa ay ku urursan tahay xukunkii Ingiriiska ee Somaliland ku raagay, dhaqan ahaan, sina u ma saamaynin. Magaalooyinkii joogitaankiisa ku abuurmayna, dhaqan magaalo ma yeelanin ee waxay noqdeen reero wada yaalla.

Arrintaasi waxay ka muuqaalcelisay dhaqdhaqaaqii gobonnimadoonka Somaliland ee kontonnadii qarnigii labaatanaad. Dabcan, magaaladu waxa ay ahayd goob ay ku kulmeen oo is lana falgaleen dadkii degaannada kala abtirsiga qabiil ku kala go'doonsanaa. Taas awgeed waa meesha laga fili karayay in uu ka abuurmo garaad siyaasadeed oo ka hor jeeda gumeysiga shisheeye; wayna dhacday taasi. Waxaa se raad weyn ku lahaa oo siyaale badan isu muujiyey dhaqankii ahaa dhiidhiga ee arkayay coolaadinta shisheeyaha iyo isla markii, falcelintii ahayd qiirakaca iyo qayladhaanta (populism).

Waxaa la is weydiin karaa muddo qarni badhkii dhaaftay ka dib, waxa qiirada kiciyey. Inta aan la gaadhin falka uu ku kacay gumeysiga laftiisu, awaalaha xilliga ayaa asaguna tiisa lahaa. Dagaalkii labaad ee dunida iyo sidii uu ku dhammaaday, waxaa ka dhashay isbeddel adduunka saameeyey. Quwadaha dagaalka kusoo mudhbaxay oo ahaa Marykan iyo Midowgii Soofiyeeti, waxa ay la yimaadddeen mowqif hor leh oo ka horjeeda gumeysiga wejigiisii tooska ahaa. Waxaa asaguna goortaas la asaasay ururka Ummadaha Midoobay iyo axdiigiisa ku baaqaya xaqa aayakatalinta dadyawga ku hoos jira gumeysiga. Waxaa ay taasi hirkicisay han iyo hirasho xornimadoon ah oo ka oogsaday dalalkii la gumeysanayay ee Afrika iyo Aasiya. Isla sannadihii afartanaadka iyo kontonaadka waxaa madaxbannaanidoodii qaatay dalalka Hindiya (1947), Andoniisiya (1945) iyo Gaana (1957). Waxaa raacay kacaankii Saraakiisha ciidammada qalabka sida ee Masar ee 1952-kii xukunka dalka qabsaday iyo tallaabooyinkii xoraynta Kanaalka Suweys, codka dheerna ku taageeray gobannimada dadyawga gumeysiga ku hoos jira iyo xaqa caddaaladda bulsheed. Wacaalayaashaasi, dhammaanba, waxa ay kaalintooda ku lahaayeen baaraarujinta hiyiga gumeysidiidka oo Soomaalidii waagaas wada gaadhay.

Ha yeeshee, Maxmiyaddii Somaliland waxaa codka gumeysidiidka kor loo qaaday 1954-kii, markii dawladda Ingiriisku Itoobiya ku wareejisay dhulkii wagaagaas lagu magacaabi jiray *Hawd iyo Reserved Area*. Waa dhul-daaqeenkii xooladhaqatada Somaliland ku foofayeen. Igiriisku heshiis hore u yaallay buu markan fuliyey, Soomaalidu se kolkan uun ayay ku baaraarugtay waxyeelladiisa. Waxa ay noqotay dhimbiishii belelisay dabkii dhaqdhaqaaqa gobannimadoonka Somaliland. Nuxur ahaan, waxa uu lahaa suuro gadood dadweyne uu halqabsigiisu yahay, Ingiriisku ha ka baxo dalka, Soomaaliduna ha noqoto dawlad. Dawladdaasi se qaab-dhismeedkeeda, iyo waxa ay qabanayso iyo sida ay u qabanayso, midna laga ma lahayn aragti iyo qorshe la isla meel dhigay oo la isla og yahay. Waxaa la odhan karaa dhismaheedu kan Ingiriisku keenay uun buu dadka iyo madaxdoodaba u ahaa; ha se yeeshee la is ma weydiinaynin waxa iman kara, marka ay qarannimo dhex timaaddo Soomaali iyo waxa laga yeeli doono.

Waxaa jirtay daleel madhan oo ku lug leh aqoonta iyo cilmiga ay qarannimo u baahan tahay. La is ma weydiin karin asaaska sharciyadda uu qaran isku taagi karaa waxa uu yahay; waayo ogaalkeed baan jirin. Waa mushkilad laga dhaxlay taabgaabnidii iyo tayo-la'aantii waxbarashadii gumeysiga Ingiriiska.

Aqoonta maqan waxaa meesheedii galay guubaabin iyo qiirakicin ka waraabaysay dhaqankii habarwacashada isku qolada oo hadda magacu Soomaali noqday. Dhaqankeeda ayaa ahaa in magaca qayladhaantu la guurguuro hadba heerka colaatanku ka socdo iyo cidda la is hayo, qabiilka guud mise jilibka mise jibsinta. Kolkan waxa la is hayaa Ingiriis, sidaas darteed, qayladhaantu waxa ay noqontay "*yaa Soomaali aheey!*" Nuxur ahaan, waxba ka ma duwanayn "*yaa Reer Hebel aheey!*" Waa isla sidii uu ahaa xeerka tolwadaagta reerguuraagu. Ururkii SNL, NUF, USP iyo kuwii la midka ahaa majaraha ay dadka ku hoggaaminayeen qiiragelin dadweyne (populism) ayuu ahaa. SNL oo ahayd ta ugu sal ballaadhnayd, kasha dadka ayay la hadli taqaannay ee caqliga la ma hadli jirin. Halqabsigeeda dadka u soo jiiday waxaa ka mid ahaa "*Allaahu Akbar*", "*Soomaalidu ha noolaato*", "*Soomaalidu ha midowdo*" iyo, "*gumeysigu ha dhaco*". Waxaa kale oo uu ururkii SNL aad u adeejiyey oo carrabka dadka in badan ku dhegay halhayskii ahaa "*qabyaaladdu ha dhacdo*". Waa dhaqan soojireen ah oo xididdo dheer ku la jira taariikhda dadka Soomaalida; la is ma se weydiinaynin isbeddelka dhaqaale iyo bulsheed ee ka-dhabaynta halqabsigaasi ku xidhan yahay; garasho-la'aanta waxaa weheshay danayn-la'aan. Waxii aan ogaalkiisa la lahayn, danayntiisuna maqan. Ingiriisku ha tago waa wax sahlan; waxaa se adag oo cilmi iyo aqoon gaar ah u baahan habka sharciyeed iyo habdhismeedyada hay'adaha ay isku taagi karto qarannimo. Qiyamta iyo qaayasoorrada qumman ee lagu hawlgelin karaa waa kuwee? La is ma weydiinaynin xataa waxa la isku darayo ee la midaynayaa waxa uu yahay. Muuqa calanka iyo magaca ereyga midnimo wax soo raacaba garaad loo ma lahayn. Markii intaasba la waayey, ka dib madaxbannaanidii iyo midnimadii, waxii dhab ahaan jiray ee ahaa dhaqankii abtirsiinta qabyaaladeed ayaa soo hirkacay.

Raadka uu gumeysigii Ingiriis ku reebay xusuusta reerguuraagu waa higilka dawladda iyo awooddeeda ku dhisan sharci ay ayadu iska leedahay iyo hay'adha maamulka joogtaysan, maxkamadaha iyo ciidammada habaysan oo hubaysan iyo xabsiyada la isku xidho. Waxa ay ku ahayd quwad shisheeye ah oo xeerkeeda iyo xooggeeda ku muquunisa. Sannad iyo laba ka ma soo wareegin, markii la illaabay halhaysyadii halganka. Awelba gobonnimadu waxa ay dadka u ahayd caddaanka Ingiriis oo dalka ka baxa, calankiisii oo la laabo laguna beddelo calanka Soomaaliya loogu talo galay; saraakiishii Ingiriiska ahayd oo ay beddelaan kuwo Soomaali ahi iyo midowga Somaliland iyo Soomaaliya.

Midnimadu, mabda' ahaan iyo ujeeddo ahaanba waa qaayo iyo hirasho wacan. Se qiiradii kasha dadweynaha lagu oogay, waxa ay meesha ka saartay caqligii eegi lahaa midnimo dhab ah iyo jidkii lagu gaadhi kari lahaa. La is ma weydiinin aasaaska dastuuriga ah, xeerarka iyo habdhismeedyada lagu xaqiijin karo qarannimo hagaagsan oo ku dhisan caddaalad iyo hurmar dhaqaale bulsheed loo siman yahay. Loo ma jeedsan ama badiba la ma garan in magaca Soomaalinnimo ee la isugu soo hilloobay yahay keli ah qiiro iyo habarwacasho ka horjeedda gumeysiga shisheeye. Markii gumeysigii ka hor dhaqaaqay ayuu dhaqankii hiilada tolliimo soo miiraabay oo uu dhaqsaba ka kor maray qiiradii waddaniyada Soomaalinnimo. Hay'adahii qarannimo ayaa durba qabaa'il loogu loollamay. Mushkiladdu, sida dadka qaar u qaateen, ma ahayn midnimada ee waxa ay ahayd maqnaanshaha jidkii midnimo dhab ah keeni lahaa. Waxaa lagu dhawaaqay hal madaxweyne, hal madax-wasiirro, hal Guddoomiye-baarlamaan iyo hal Gole-wasaaradeed iwm. Waa maxay kaalinta dawladda midnimadu ku yeelaynayso nabadgelyada iyo horumarka nolosha dhaqaale iyo bulsheed ee qofka muwaaddinka Soomaaliyeed ah? Laga ma jawaabin su'aashan; ka dibna qof waliba dammaanaddiisa waxa uu ka raadiyey awoodda reertolkii ku leeyahay dawladda. Baaraxii hirdanka qabaa'ilka reerguuraaga ee ahaa geela iyo ceelka ayaa u soo guuray xukunka dawaladnimo.

Talyaani Iyo Soomaaliya
Danta Talyaanigu ka lahaa qabsashada Soomaaliya way ka duwanayd ta uu Ingiriisku ka lahaa Somaliland. Sida aynu hore u tibaaxnay, Ingiriisku hilibka xoolaha Soomaalida iyo ilaalinta jid-badeedka mooyiye, ujeeddo kale ka ma lahayn Somaliland. Haybad iyo magacna, imbiraadooriyad ballaadhan buu adduunka ku ahaa oo Somaliland ku ma faanaynin. Sidaas darteed dhaqaale iyo dhaqan midnaba saamayn ku ma yeelanin Somaliland. Runtii ereyga gumeysi, marka si loo eego, waa ku deelqaaf oo waa sababta uu u odhan waayay 'Mustacmarad' (Colony) ee uu ugu magaacaabay *Maxmiyadda (Protectorate)*.

Talyaanigu waxa uu ahaa gumeysiga dhab ah oo Soomaaliya ka saameeyey dhinac dhaqaale iyo dhaqan ba.

Geesta kalena, Soomaaliya siyaalo ayay kaga duwanayd Somaliland. Ta u horraysa ee mudanka ah, koonfurta Soomaaliya waxaa ka jiray bulsho magaaleedyo ku abtirsada magaca magaalada ay ku nool yihiin oo aan kala sheeganin abtirsiin, jilibbo iyo jibsinno Reer Hebel la yidhaahdo. Tusaale ahaan, magaalooyinka Muqdisho, Marka iyo Baraawe waxaa joogto u degganaa dad isu yaqaan oo loo yaqaan Reer Muqdisho ama inta badan Reer Xamar; Reer Marka iyo Reer Baraawe. Waxa ay lahaayeen hayb siyaasadeed oo ka madax bannaan tolwadaagaha deggan magaalada debeddeeda; in kasta oo ay xidhiidh ganacsi iyo mid siyaasadeed la lahaayeen (isbahaysigii dawladdii Mudafar iyo qabaa'ilka Ajuuraan baa tusaale ah).

Soo-galeetiga qabaa'ilka ka yimaadda ee reermagaaloobaa wuu ka xidhiidh furmi jiray reertolkii oo bulshada magaalada ayuu ku milmi jiray. Qofkii magaalooyinkaas ku noolaa, ka hor 1991-kii, iyo jabkii Taliskii Siyaad Barre, ee bulshadana dhugasho hoose u lahaa, waxaa uu hadda xusuusan karaa dad ku noolaa xafaadaha asaliga ah ee magaalooyinkan. Dadkaasi waxa ay wardhegood ku hayeen in adowgood, dhawr fac ka hor, ka yimid miyi iyo qoladii uu ahaa. Waa dad hadda, si walba, uga xiriir go'ay qoladii adowgood oo noqday Reer Xamar, Reer Marka ama Reer Baraawe; sidaas darteedna, xusuusta mooyiye, aan hilow iyo hiilo qabiil lahayn. Dadka magaalada Muqdisho wada degganaa ee isku Reer Muqdisho ahaa, waxaa ka mid ahaa beelo (communities) ka soo jeeda Soomaalida labada webi ee Shabeelle iyo Jubba, kuwo ah soogaleeti ka soo go'ay qabaa'ilka reerguuraaga, kuwo ka soo jeeda Carabtii iyo Furustii waayo hore dhulka timid ee Soomaali noqotay iyo bulsho xoog leh oo ah carab badiba Yamaniyiin ah. Dadkan oo dhan waxa ay wadaageen dhaqan magaalo oo u yeelay magaca Reer Muqdisho. Waxa ay ahaayeen dad aan ku kala qaybsamin adow iyo awow khuraafo ah oo lagu abtirsado. Waxa ay ku kala muuqanayeen heerka nolosha dhaqaale iyo derejada bulsheed iyo isirka qoomiyadeed, sida Soomaali iyo Carab (Yaman) iwm. Waxaa xidhiidhiyay dhaqan bulsheedka guud ee dawladnimo ku dhismi karto. Waa dhaqan ka duwan ka dawad-la'aaneed ee xooladhaqatada reerguuraaga ah, kaas oo magaalada mar walba debedda ka joogay. Waxa ay ahaayeen magaalo xeebeedyo uu ka jiro dhaqaale ku dhisan ganacsi iyo farsamo tacabsoosaar leh iyo dhaqan siyaasadeed ku dhisan kala dambeyn iyo suldad dhexe oo loo hoggaansamo. Sidaas darteed, waxaa ka suurogalay dawlad magaaleedyo boqollaal sannadood ka soo jiray.

Halkan Talyaanigu magaalooyin iyo hannaan dawladeed buu ugu yimid ee sida Ingiriiska, meelo bannaan ka ma dhisin daaro. Ingiriisku dhaqan magaalo iyo hannaan dawladeed waxa uu dalka ugu yimid Saylac; ayadana ma degin ee wuu baylahshay. Dhismihii dekadda Jabuuti ee Faransiiska dartiina, waa laga guuray. Tu kalena Talyaanigu, sidii Ingiriiska xaafad u gooni ah ka ma degin magaalada ee wuu dhex degey. Dhismayaal ganacsi iyo guryaba wuu ka dhistay oo bulsho Talyaani ah baa soo degtay magaalada. Kaniisaddii Katooligga ayaa timid oo laga dhisay magaalada Muqdisho una hawlgashay fidinta diinta Masiixiga. Adeegga waxbarashada aasaasiga ah ayay Ergadii Kaniisaddaasu, goor horeba, halkaas ka hirgelisyey oo gobollada dhammaantood, ilaa Raasxaafuun, ku fidiyey; ka mana hor iman tii isla Kaniisaddaasi kala kulantay Somaliland.

Tu kalena, Soomaaliya way kaga duwanayd Maxmiyaddii Ingiriiska ee Somaliland. Waxa ay tahay, koonfurta Soomaaliya waxaa ku dhaqnaa tolwadaago salka dhismahooda bulsheed ahaa beerafalasho iyo qabatinka dhulka. Waxaa ay lahaayeen saldanado ku dhisnaa hab iyo hoggaamin joogto ah oo lagu kala dambeeyo iyo deggenaasho siyaasadeed. Gacankuqabashada hantida dhulka iyo qaybintiisa ayay awoodda hoggaanka saladanaddu ku taagnayd. Saladdanaddii isbahaysiga Geleddiga iyo Wacdaanka ee Afgooye ay xarunta u ahayd ayaa ah tusaale aad u muuq dheeraa. Gumeysiga Talyaanigu bulshadan ayuu dhulkoodii la wareegay. Ujeeddadiisii ahayd degaanno cusub oo dad Talyan ahi maalgashado ayaa halkan laga hirgeliyey. Dadkii Soomaaliyeed ee dhulka lahaana waxay noqdeen shaqaale toos iyo dadabba u qasban. Sida dhulku gacantooda uga baxay ayay awooddii ismaamulkooduna ku luntay. Waxaa uu Talyaanigu halkan adeegsaday hogorkii tolwadaagahaas, oo noqday kuwo shaqaalaha u soo xawawaray. Beelihii dhulkan beeran jiray waxa uu ku ururiyey tuulooyin ku xidhan oo u shaqo taga *asandooyinka* beeraha muuska, cudbiga (suufka), sonkorta iyo saliidda ee shurugga Talyaaniga. Hannaankii dawladnimo ee dhulkaas ka unkamayey, ayaa halkaas ku iishay.

Xidhiidhka Xukunka gumeysiga Talyaanigu la yeeshay tolwadaagaha reerguuraagu, marka loo eego Beerafalatada labada webi, ma sii ridnayn; dhismihii bulsho siyaasadeed iyo habdhaqankoodiina, qaab ahaan, waxba ka ma beddelin. Waxa keli ah oo uu meesha ka saaray labadii saldanadood ee Hobyo iyo Bender Qaasim (Boosaaso). Dagaallo adag oo ay labada saldanadood ugu jilib dhigeen ciidamada Talyaaniga ka dib, xoogga uu Talyaanigu ka horkeenay, hub iyo ciidanba, ma ahayn wax ay u babacdhigi karaan, ugu dambayntiina, sannadkii 1927-kii, labada saldanadoodba taariikhda way ka baxeen. Halkanna, waxaa gumeysiga Talyanku meesha ka saaray hannaan dawladeed kale oo Soomaali ahaa, oo ka abuurmaayay xeebaha iyo dhaqaalaha ganacsiga ee halkaas ka jiray.

Siyaalo kale oo muhiim ah baa xukunka Talyaanigu u raadeeyey tolwadaagaha reerguuraaga Soomaalida. Waxaa xusid gaar mudan xarakada dhuyaalka ah ee reerguuraagu, siiba raggu miyiga ka daldoorsado ee magaalo iyo dunida kaleba uga dhoofo. Waana ifafaale waayo fog soo jiray oo ay Soomaaliya iyo Somaliland iska ga mid ahaayeen. Waxaa keenayay nolosha miyiga ee wadata carcaraafka badan, abaaraha soo noqnoqda iyo dirirta dhexdooda joogtada ahayd. Waa wacaalayaal, mar kasta sababaya in qaybo dadka ahi caydhoobaan. Intii dawladaha Yurub dalka yimaaddeen, ifafaalahani si aad ah buu kor ugu kacay. Ayada oo magaalooyinka Soomaalida ay ka wada muuqatay, haddana magaalada Muqdisho, intii Talyaanigu qabsaday, arrintani gooni ayay ku sii ahayd. Waxa ay socotaba, gadaashii dagaalkii labaad ee adduunka, badanka dadka Muqdisho ku nooli waxa ay ahaayeen dad ka soo jeeda soogaleeti reerguuraa ahaa oo dhaqankiisii wata. Dadkani waxa ay ahaayeen muruqmaal dheeraad ku ah miyiga oo uu dhaqaalihii xooladhaqashadu hayn waayey. Nolol kale ayay raadinayeen oo ay magaalada ka quuddaraynayeen. Shaqooyinka ganacsiga kooban ee dillaalidda suuqa xoolaha, maqaaxida shaaha, hudheelka cuntada iyo dukaamada badeecadda kooban (tubbokaayada) ayay dadkani, badiba ka muuqdaan. Shaqooyinka kale ee xirfadda gaar ahaaneed u baahnayn, ninka reerguuraaga ahi u ma deexdo oo wuu iska la han weyn yahay. Waxa uu door bidaa askarinnimada. Maraggeedu waa sida qabaa'ilka reerguuraagu, dadka kale uga ga tiro bateen ciidamadii booliska iyo milateriga ee dawladaha gumeysiga iyo Soomaaliduba ka qoreen dalka. Dadka Reer xamarka iyo beelaha kale reermagaalka ah iyo beelaha qodaalka ahi, marka loo eego reerguuraaga, way ku yaraayeen askarta. Sababtu waxay u noqonaysaa, dhaqanka adeejinta xoogga cududda dagaalka ee reerguuraaga Soomaaliyeed lagu yaqaan. Askarinnimadu waxa ay buuxinaysaa hirashada islaweynida nin Reer Hebel ah. Maanta marka dib loo xusuusto saraakiishii ciidankii uu Talyaanigu ka tegay, aad ayay u yar yahiin magacyada ka soo jeeda beelaha Reer Xamarka, Yamanta iyo beelaha kale ee aan ahayn Faradheerta xooladhaqatada. Arrintani ku ma gaar aha Soomaaliya ee Somalilandna waa kala mid.

Waxaa kale oo uu Talyaanigu kaga duwanaa Ingiriiska, horumarinta dhaqaale iyo bulsheed iyo saamaynta xagga dhaqanka. Ingiriisku, sidii aynu nidhi, maalgelin horumar keenta masuug buu ku ahaa; Talyaanigu se dhinacyada beeraha, warshadaha, isgaadhsiinta, waxbarashada iyo caafimaadkaba isbeddel waxoogaa ah buu keenay. In kasta oo horumarka dhaqaale ahaa mid u jahaysan danaha hantiilayaasha shirkadaha Talyaaniga, haddana, waxaa dalka ka abuurmay sal waxsoosaar oo aan hortii jirin. I. M. Lewis waxa uu xusayaa in iibgeynta dalka debeddiisa ee muuska Soomaaliya ku dhawaaday heer uu la tartamo hargaha iyo saamaha oo kaalinta koowaad lahaa. Isgaadhsiinta ayadana xilli ceeyoon ahaa, ayuu jidadka gaadiidka wax ka qabtay oo uu dhisay waddooyin dhererkooda gaadhay 6,400 oo kilomitir. Sannadkii 1928-kii waxaa la dhisay jid xadiid tareenku maro ah oo isku xidhay beeraha afgooye iyo dekedda Muqdisho.

Waxaa weheliyey adeegyo bulsheed oo ahaa xarumo
caafimaad oo xidhiidhsan iyo cisbataalo dadweynaha
raciyadka ah loogu talogalay. Waxaa se adeegyadaas ugu
mudnaa, oo uu I. M. Lewis, si faahfaahsan uga warramayaa,
waxbarashada, taas oo tii Ingiriiska iyo Somaliland, tiro iyo
tayaba ka roonayd. Sidii aynu kor ku soo sheegnay,
waxbarashadu waxa ay ku bilaabatay dugsiyo hoose oo
Kanniisada Katoligu gacanta ku haysay; ka gadaal se waxa
la ballaadhiyey waxbarashada casriga ee adduunka Reer
Galbeed. Intii u dhaxaysay labadii sannadood ee 1930 iyo
1939, tirada ardayda ku jirta dugsiyada hoose, waxa ay kor
uga kacday 1,390 ilaa 1,776. Tirada marka sideeda loo eego,
ma badna, ha yeeshee marka tii Somaliland la barbardhigo
waa wax weyn. Marxaladdii korjoogada ama *wisaayada*
(trusteeship) ee UM, waxaa la hirgeliyey barnaamij
waxbarasho oo lala kaashaday *UNESCO*. Sannadkii 1952-kii,
waxaa la dhisay dugsiyo badan oo lagu beddelay kuwii
kaniisadda. Halkanna I. M. Lewis waxa uu tilmaamayaa
in 1957-kii, dugsiga hoose la qoray 31,000 oo wiilal, hablo iyo
dad waaweynba leh, 246 oo dugsiga dhexe ah, 336 oo la
qoray mac-haddo farsamo lagu barto iyo tiro kale oo tacliin
sare ahayd. Waxaa guud ahaanna, jiray rabitaan waxbarasho
oo dadweyne. Rabitaankaasi astaan buu ahaa joogto ah oo
ilaa waagii Siyaad Barre jirtay. Waxaa raacay dugsi lagu
barto siyaasadda iyo maamulka, kaas oo abuuray
hawlwadeenno karti u leh maamulka hawlaha dawladeed
oo xubnana ka noqon kara golayaasha hoggaaminta
siyaasadda. Sannadkii 1954-na, waxaa la furay mac-had heer
jaamacadeed ah oo lagu barto sharciga iyo dhaqaalaha.

Inahani dhammaan, waxa ay i na tusayaan ilaa heerka uu
waxqabadka Talyaanigu ka duwanaa kii Ingiriiska.
Waxbarashadani, waxa ay u badan tahay in aanay gaadhin

saamaynna ku yeelannin bulshada xooladhaqatada reerguuraaga. Waayo miyiga wax weyni uma gudbin; ha se ahaatee, tirada ugu badan magaalooyinka iyo tuulooyinka ee waxbarashadani gaadhay, reerguuraagaas ayay ka yimiddeen oo ku abtirsanayeen. Waxa ayna runtaasi, waqti dhowba, ka soo ifbaxday si-araggii dhaqanka dawladla'aaneed ee markiiba laga arkay hawlqabadkooda.

Haddii Ingiriisku go'doon ka ahaa dadka Soomaalida oo aragiisuba ku yaraa, Talyaanigu wuu la falgalay. Suuqa ganacsiga iyo xaafadaha la wada deggan yahayba wuu la wadaagay. Guryaha sinamaha lagu daawado ee Magaalada Muqdisho ka jiray waxa ay noqdeen goobo dhaqanka Talyaanigu ka fido oo aan Hargeysa ka jirin. Afka talyaanigu si weyn buu bulshada Soomaaliyeed ugu faafay oo af Soomaaliga ayuu ilaa heer badhxay.

Sidaas oo ay ahayd, socotada xidhiidhada siyaasadeed ee dadka Soomaalidu la lahaa xukunka Talyaaniga, inta badan, la ma suuro ahayn saamayntiisa xagga dhaqanka. Habdhaqankii Faashisyada Talyaaniga ayaa raad taban ku yeeshay xidhiidhka labada dhinac. Sidaas darteed, dagaalkii labaad ee adduunka ka dib, dawladda Ingiriis si weyn baa dadku u soo dhaweeyey. Xukunka Ingiriis oo kii Faashistaha Talyaaniga ka debecsanaa waxa uu keenay in la xurmeeyo oo la la falgalo. Markiiba Ingiriisku waxa u dadka u oggolaaday oo uu dhiirrigeliyey dhaqdhaqaaqa bulsheed iyo siyaasadeed. Waxaana bilowday naadiyo bulsheed oo ka abuurmay magaalada Muqdisho. Waxaa u mudnaa Naadigii Dhallinta Soomaalida (Somali Youth Club) ee 1943-kii ay aasaaseen dhallinyaro saddex iyo toban ahayd. Sannadkii 1947-kii ayuu isu rogay xisbigii siyaasadeed ee magaciisu ahaa SYL (Somali Youth League). Ujeeddada baaqiisu waxa uu ahaa gobannimo, qarannimo iyo midnimo Soomaali dhammaaneed isu keenta. Ha yeeshee isla aasaasayaashiisu waxa ay ka kala socdeen oo matalayeen tolwadaagaha Soomaaliya. Ammin koobanba ururkani waxa uu soo jiitay taageerada dadweynaha, gaar ahaan dhallinta iyo saraakiishii iyo hawlwadeennadii dawladda. Baaqiisu Soomaali oo dhan buu ku baahay, gobollada dhulka Soomaalidu degto ayaa laamihiisa laga furay. Hawlaha dhaqdhaqaaqa siyaasadeed waxa u raacay dhinaca waxbarashada dhallinyarada oo uu wax ka qabtay; waxa uu furay dugsiyo lagu barto afka Ingiriiska; wuxuuna dhiirrigeliyey qoridda afka Soomaaliga. Waxa uu dedaal u galay meelmarinta fartii Cusmaaniyada; ma se suuragelin.

Ha yeeshee SYL, wax kasta oo dedaalkiisu ahaa, ka ma xadhko goosan filqanka qabiillo. Bal, mar kasta salka taageeradiisu waxa uu u badnaa oo ku sii kala qaybsanaa tolwadaagaha xooladhaqatada reerguuraaga ah. Tolwadaagaha beeralayda labada webi iyo Raxanweyn, waxa ay ku urureen Xisbiyo Digil iyo Mirifle, halka xisbiga Leegadu (SYL) u badnaa Daarood iyo Hawiye oo mararka qaar uu loollan ka dhex oogganaa. Sannadahii Maamulka Millateri ee Ingiriisku gacanta ku hayay Soomaaliya, oo ah isla waqtigii Ururka UM ka doodayay dawladda loo wakiilanayo Soomaaliya, Talyaanigu waxa uu ku hawl galay in uu Soomaalida kala furfuro oo ka dhex abuuro xoogag Talyaaniga taageera oo ka hor jeeda xisbiga SYL iyo Ingiriiska. Waxa uu soo jiitay xisbiyadii kale oo qolo ahaan, awalba, uga hor jeeday SYL iyo kuwo uu laalushay.

Mar kale qiirada hiilada qabiil waxa ay ka soo mudhbaxday Golihii Ismaamulka gudaha ee ka soo baxay doorashadii sannadkii 1956-kii. Xisbigii SYL oo mabda'a waddaniyadda u calansiday waxaa barbarkiisa ka tartamayay xisbi u taagnaa danaha qabiil ee Digil iyo Raxanweyn, kaas oo baaqa ololihiisa doorasho aanu ku sal lahayn arrimaha Soomaalinnimo. Ha se ahaato ee madaxda SYL, ayaguna in kasta oo baaqoodu ahaa madaxbannaani iyo midnimo Soomaaliyeed guud ahaan, waxa ay ahaayeen is-urursi Daarood iyo Hawiye ah ama u badan (xooladhaqatadii reerguuraaga) oo ka hor jeeda Digil iyo Mirifle. Waxa ay ahaayeen tirabadanta Soomaalida; sidaas darteed ballaadhka salka taageerada uu xisbiga SYL tirsanayo, ayaa isla markii keenay in uu gudihiisa ku xoogaysto loollanka qabyaaladeed. I. M. Lewis oo arrintan runteeda caadbixiyey waxa uu yidhi; *"Sida ay dhacdooyin dambe muujiyeen, kol kasta oo leegadu (The League) sii sal ballaadhsato, guulo weyna ka soo hoyso doorashada, waxaa sii qoto dheeraada kala-qaybsanka gudaheeda."* Marka magaalada laga tago, qaabka doorashada loo galay waxa uu dardargeliyey tiratiradii faanka qabiillo. Sida uu I. M. Lewis ka warramayo, degaannada miyiga oo dadku u badan yahay, kulammo ayaa loo qabtay odayaasha tolwadaagaha iyo jilibbadooda. Waxaana laga soo qoray oo la diwaangeliyey qiyaasta tirada ragga codka leh. Taasina waa istirsigii reeraha iyo hirdankoodii wejiyada badnaa oo la noolaynayo, in kasta oo ay u badan tahay in aan looga jeedin sidaas. Kollayba waa hubaal, xaaladdan oo kale, in qolo waliba ku talaxtegeyso tirada ay sheeganayso.[78]

[78] Cristopher Clapham, The Horn of Africa
State Formation and Decay, C. Hurst & co.(Publishers) Ltd, Bogga 172

Arrinta daymada mudani halkan waa hiyikicii iyo qiiradii dadweyne ee Soomaalinnimada oo, intii ka dambaysay 1950-kii, ilaa xad, hoos dhacday. Wacaalaheeda waxaa ka mid ah 1) madaxbannaanidii dalka oo taariikh la og yahay loo cayimay (1 Julaay, 1960-ka). 2) Golihii la doortay iyo xukuumaddii kumeelgaadhka waxa ka abuurmay dareen gobannimo. 3) Gees kalena, Talyaanigu waxa uu, gadaashii ku guulaystay in uu xidhiidh dhow iyo isafgarad la yeesho xisbigii SYL iyo guud ahaanba madaxdii siyaasadda iyo bulshada ee dalka. Arrimahani waxaa ka dhashay isbeddel nafsi ah oo nacii iyo colaaddii loo hayay Talyaaniga in door ah meesha ka saaray, haddii aanu wada tirinba. Sidaa darteed, kolkii cadowgii debedda ka yimid ee isu didinayay ka qarsoomay, ayaa loollankeedii hiilada tolliimo soo miiraabay. Durba golihii dawladda ee la soo doortay iyo wasiirradii xukuumadda kumeelgaadhka ahayd, qabaa'il baa loo kala tirsaday.

Waa arrin ay Soomaaliya iyo Somaliland, waagaas ku kala geddisnaayeen. Sida aynu sheegnay Soomaaliya waxa ka jiray maamul huwan magaca Soomaalinnimo; Somaliland se, 26-kii Juun iyo 1-dii Julay, 1960-kii, carcartii xiisaha Soomaalinnimada iyo jacaylkii midaynta qoomiyadda Soomaalida ayaa cirka marayey. Si-aragga dadka Somaliland oo ay madaxdoodu ku jiraan, qabiilba sidii loo yidhi "ha dhaco," in dib loo arki doono malahooda ku ma ay darin. Soomaaliya, ayadana qabyaaladda waa la haraamayay oo 'ha dhacdo' waa la lahaa, ha yeeshee waaqica siyaasadeed ee jira ayuu qabiilku markan ka mid ahaa.

Jabuuti Iyo Faransiis

Isla dabayaaqadii qarnigii sagaal iyo tobnaad ayay dawladda Faransiiskuna qabsatay gacanka Tojorra iyo Jabuuti. Ujeeddadeeduna waagaa, waxa ay u socotay luuq-badeedka Baabulmandab oo ka dib furitaankii Kanaalka Suweys, kaalin muhiim ah ku yeeshay xidhidhidhinta ganacsiga galbeedka iyo bariga adduunka; waana isla ujeeddada Ingiriisku u fadhiistay Cadan oo badda dhinaceeda kale ah. Waxa faransiisku Jabuuti ka dhigtay oo ilaa maanta aanay ka suulin, saldhig milateri oo joogta ah. Waxaa raacay taransiga dhaqaalaha ganacsiga ka dhashay dekedda uu ka dhisay Jabuuti iyo jidka xadiidka tareenka ku xidhay magaalo madaxda Itoobiya ee Addis Ababa. Salka ay Jabuuti waagaas iyo ilaa waqtigan hadda ahba ku fadhidaa waa taas. Gumeysiga Faransiiku waxaa uu soo kordhiyey magaalada Jabuuti lafteeda oo ayaduna ah horumar aan la dafiri karin. Waa magaalo ku dhisantay dekedda iyo xadiidka tareenku maro. Waxa ayna taasi soo jiidatay dadyow kala isir iyo dhaqan ah oo ka koobma Soomaali, Cafar, Carab iyo isirro kale; waxaana xidhiidhisay shaqada dekedda iyo ganacsiga ka abuurmay. Halkaas ayuu ka abuurmay dhaqan magaaleed ku dhow, ilaa xad, in la yidhaa waa Reer Jabuuti.

Magaalada Jabuuti, guri-dhiggeedii bilowga ahaa iyo ilaa amminka la joogo, si weyn ayay isu soo beddeshay oo dhiskeeda iyo tirada dadka ku noolba horumar ayay ka samaysay. Ninka la yidhaa Christopher Clapham, waxa uu ku tilmaamayaa magaalada Jabuuti ee maanta jirta dawlad magaaleed (City State), Sababta oo ah qiyaastiisa tirada dadka dalka 70% ayaa ku nool magaaladaas.[79]

Qalalaasaha siyaasadeed iyo burburka ku yimid dawladdii Soomaaliya waxaa xididkiisu ku aroorayaa dhaqanka dawlad-la'aaneed ee dhismaha dawladnimada galay; dawladda Jabuuti dhibaatadaas, ilaa hadda, way ka badbaadday. Christopher Clapham degganaanshaha Jabuuti waxa uu u celinayaa saddexdan wacaalood ee kala ah saldhigga ciidanka iyo damaanaqaadka Faransiiska ee ilaa hadda jira. Ta labaadna, baahida weyn ee ay dawladda Itoobiya kol kasta u qabto xasilloonida Jabuuti, waayo ayada ayay ku xidhan tahay xasilloonida Itoobiya, gaar ahaan, marka la eego xidhiidhka dhinaca dhaqaalaha Itoobiya iyo Jabuuti. Ta saddexaadna waa magaalo la wada deggan yahay oo in kasta oo qabiilka Ciise qiyaastii, saddex meelood marka loo dhigo, laba meelood gaadhayo, haddana dhaqanka bulshada xooladhaqatada reerguuraagu ku ma yeelan awoodda siyaasadeedda ee uu ku yeeshay Soomaaliya iyo Somaliland.

Ayada oo intaasiba jirto, sida ay aniga ila tahay, wacaasha kowaad ee Jabuuti gaar yeeshay waa dhaqanka siyaasadeed ee ka dhashay xeerka qabiilka Ciise; kaalinta mudanka ahna asaga ayaa leh. Ciisuhu waa qabiil xooladhaqato iyo reerguuraa ah oo taas kaga ma duwana qolyaha kale ee aynu dhaqankooda dawlad-la'aaneed ka soo hadallay. Waxaa se gooni yeelaya xeerka talada Ciise ee ay midnimadda qabiilku ku taagan tahay.[80]

---

[79] Christopher Clapham, The Horn of Africa
State Formation and Decay, C. Hurst & Co. (Publishing) Ltd, Bogga 172.
[80] Ismail Ail Ismail, Governanance.

Xeerkaasi, sida aynu meel kale kaga soo hadallay, waa teed adag oo isku xidha dadka Ciisaha dhammaan, jilibbo iyo jibsino iyo ilaa labada qof. Waxaa uu abbaarayaa oo ku saabsan yahay waxii dadka Ciisaha ka dheexeeya ee aanay cid kale la wadaagin.

Hadal iyo dhammaantii, Xeer Ciise waxa uu sugayaa oo i nooga muuqanaya ammuuro ay mid yihiin 1) Ugaaska Ciise waa nin xuliddiisa iyo boqriddiisa iyo xoolayntiisaba Ciise u dhan yahay; 2) waa afhayeen taladii Ciise u dhammaado ee uu ku go'aan qaato oo keli ah ku dhawaaqa; wax kalena aan afkiisa laga maqlin; 3) sidaas owgeed, Ugaasku waa nin, asaga oo ah hoggaamiyaha qabiilkiisa, isla markii u hoggaansan qabiilkiisa; 4) waxa habkaasi keenay in Ugaaska iyo odayaasha Guddida iyo Ganda Ciise u taliyaa, mar kasta ka dhawrsadaan waxii aan ahayn arrin Ciise u gooni ah ee cido kale la la wadaago. Waxaa muhiim ah oo halkan ka muuqanaya: Nin aan xeerkaas ku iman oo aan Guddida iyo Gandaha Ciise soo xulin, habkaasna aan lagu caleemasaarini, ma sheegan karo magaca. Sidaas darteed, Ciise ka ma soo bixi karo jinniboqorka hadda ku batay qabaa'ilka kale.

Qabiilka Ciise waxa uu degaa saddexda dal ee Jabuuti, Somaliland iyo Itoobiya; Ugaaskuna saddexda dalba, Ciise waa uga Ugaas. Waxa uu ugu Ugaas yahay wixii Ciisenimo uga dhexeeya. Wixii debedda ka ah ee siyaasadaha iyo sharciyada dawlad u gaar ah, ma farageliyo. Waxaa la odhan karaa Xeer Ciise meeshiisa ayuu ku eg yahay. Taas baa midnimada Ciise kaga baxsatay loollan siyaasad dawladeed;

The Scourge and Hope of Somalia, Trefford Publishing, 2010, P 64 dawladda Jabuutina kaga badbaadday qalalaasaha qabyaaladeed ee Soomaaliya burburiyey.

Ingiriis iyo Talyaani waxaa laga dhaxlay hab iyo hay'ado dawladeed oo haddii hanasho iyo horumarin loo yeelan lahaa, qarannimo sal adag lagu xaqiijin lahaa. Tusaalayaasheeda waxaa ka mid ahaa hab maamul biroqraadiyeed oo ku dhisnaa mutaysi aqooneed iyo xirfadeed, kuna hawlgelayay xeer iyo nidaam shaqo u dejisan; waxaa kale oo ka mid ahaa sharci guud ahaan dadka simaya, oo awooddiisa iyo haybaddiisa, dad iyo dawladba la wada hoos tegayey; waxaa ka mid ahaa garsoor leh madaxbannaani sharciyeed; waxa kale oo ka mid ahaa ciidamo jabsan oo ahaa Boolis iyo Milateri ka dhismay ciidamadii labada geesood ka yimid ee la isku dhafay. Intaniba waa salkii iyo salabkii ay qarannimo isku taagi lahayd. Ha yeeshee shardigeeda lafdhabrka ahi waa in ay intuba ka madaxbannaanaadaan eexo qabyaaladeed iyo loollanka siyaasadeed ee xisbiyada kala duwan, weji kasta oo ay yeeshaan. Hay'adaha ka yimid dhinaca Somaliland, heerkoodu, tiro iyo tayo wax kasta ha ahaado ee madaxbannaanidaas waa ay lahaayeen. Koonfurta se loollankii siyaasaddu raad weyn buu ku lahaa aaladaha maamulka iyo ciidamada qaranka. Shaqaalaha dawladda oo madaxdoodu u horrayso, ayaa xubno ka ahaa xisbiyada siyaasadda. Taliska sare ee ciidamaduna, saamiqaybsi qabiil buu ahaa.

Ugu dambayntii, halkii ay ku idlaatay, waxaa ugu wacnaa hoggaanka siyaasadda dalka oo jidkaas qalloocday, ka horseed ahaa. Waxa uu dalku ka hungoobay hoggaan siyaasadeed leh han horumar dhaqan-dhaqaale iyo higsi u socda abuuridda bulsho qaran Soomaali ah, kuna hawlgala aragti cilmiyeed iyo istiraatiijiyad himiladaas lagu gaadhi karo. Markii intaasba la waayey, waxaa dib loogu guuray hirdankii abtirsiinwadaagta reerguuraaga ah oo waagan isku haya manfac dhow oo dawladdnimada laga quuddaraynayo. Sidaa darteed, waxa aynu odhan karnaa, dawladdii midawgii Soomaaliya iyo Somaliland waxa soo gebagabeeyey dhaqanka isxigtaysiga iyo isu hiilinta qabyaaladeed ee galay siyaasaddii iyo maamulkii guud ee qaranka.

Raadraac

Axmed Sheekh Jaamac, 2013
Cadlidoonaha Daal Allaa Baday, Ponte Invisible, Pisa.

Burton R. F., 1987
First Foot Steps in East Africa, Dover Edition.

Cabdalla Cumar Mansuur, 2016
Taariikhda Afka iyo Bulshada Soomaaliyeed: Daraasad Af iyo Dhaqan, Loox Press.

Cabdalle Xaaji Cismaan Ceeleeye, 2010
Xeer-Dhaqmeed - Xeer Ciise, Djibouti.

Cabdiraxmaan Ibn Khaldoon, 2013
Muqaddamatu Ibn Khaldoon, Sharikatu Abnaai' Shariif Ala'nsaariyi lildabaacati wa alnashri wa-altowsiic.

Cassanelli L. V., 1982
The Shaping of Somali society: Reconstructing the History of a Pastoral People, 1600–1900, Pennsylvania Press, Philadelphia.

Clapham C., 2017
The Horn of Africa State Formation and Decay, C. Hurst & co. (Publishers) Ltd

Fukuyama F., 2004
State Building, Cornell University Press

Ismail Ail Ismail, 2010
Governanance: The Scourge and Hope of Somalia, Trefford Publishing

Jaamac Cumar Ciise (Aw), 1976
Taariikhdii daraawiishta iyo Sayid Maxamed Cabdulle Xasan, 1895-1921, Wasaaradda Hiddaha iyo Tacliinta Sare, Akadeemiyaha Dhaqanka, Muqdisho.

Jardine D., 2013
The Mad Mullah of Somaliland, Herbert Jenkins Limited

Laitin D. D. and Said S. Samatar
Somalia, Natation in Search of State, Westview Press.

Lewis I. M., 1999
A Pastoral Democracy, The African International Institute, 1982, (first published 1961).

Lewis I. M., 2002
A modern History of Somali, Westview.

Luling V., 2002
The Gelidi City-State Over 150 years. Haan, 2002.

Marx K., 1852
The 18th Brumaire of Louis Bonabarte, in Die Revolution, New York

Rashiid Sheekh Cabdillaahi, 2017
Kani Ma Aha Odaygii Reeraha Lagu Yaqaannay, EREYSAN, ereysan.blogspot.co.uk, (la soo dejiyey 30 Ogosto, 2017)

Rashiid Sheekh Cabdillaahi, 2009
Suugaanta Nabadda iyo Colaadda, Progressio / Ponte Invisibile, Pisa.

Said S Samatar, 1982
Oral Poetry and Somali Nationalism, Cambridge University
Press.

Walls M., 2004
A Somali Nation State, Ponte Invisibile, Redsea Cultural
Foundation, Pisa.

Wolff J., 2006
An Introduction To Political Philosophy, Oxford University Press.